DON QUI

MIGUEL DE CERVANTES SAAVEDRA

DON QUIJOTE DE LA MANCHA

SEGUNDA PARTE

EASY · READERS

ER

LECTURAS · FÁCILES

EDICIÓN SIMPLIFICADA PARA
USO ESCOLAR Y AUTOESTUDIO

Esta edición, cuyo vocabulario se ha elegido
entre las palabras españolas más usadas (según
CENTRALA ORDFÖRRÅDET I SPAN-
SKAN de Gorosch, Pontoppidan-Sjövall y
el VOCABULARIO BÁSICO de Arias, Pallares, Alegre), ha sido resumida y simplificada
para satisfacer las necesidades de los estudiantes de español con unos conocimientos un poco
avanzados del idioma.
El vocabulario ha sido seleccionado también
de los libros de texto escolares "Línea", "Encuentros" y "Puente", comparado con "Camino"
y "Un nivel umbral" del Consejo de Europa.

Editora: Ulla Malmmose

EDICIÓN A CARGO DE:
Berta Pallares, Dinamarca

Ilustraciones: Per Illum

© 1979 ASCHEHOUG/ALINEA
ISBN Dinamarca 978-87-23-90275-7
www.easyreader.dk

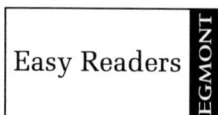

Easy Readers EGMONT

Impreso en Dinamarca por
Sangill Grafisk Produktion, Holme-Olstrup

MIGUEL DE CERVANTES SAAVEDRA
(1547-1616)

Su condición de soldado le llevó a tomar parte en muchas de las expediciones militares importantes en su época.

Pasó cinco años cautivo en Argel. Su vida estuvo llena de trabajos y de pobreza, pero Cervantes salió de ellos con entereza y dignidad lo que evidencia su carácter heroico y generoso.

Cultivó la poesía y el teatro pero donde alcanza su fama es en el género de la novela. Las dos partes de *El Ingenioso hidalgo don Quijote de la Mancha* (Primera parte 1605, segunda parte 1615) le han dado fama eterna.

En esta obra Cervantes, con melancólica ironía, hace la crítica de la España imperial. A la vez logra con ella una síntesis excepcional de las dos orientaciones que definen el espíritu español: la que valora, sobre todo, los ideales y la que tiene clara conciencia de la realidad. La nota esencial que Cervantes aporta a esta síntesis es que estas dos concepciones no aparecen en su obra como contrarias e irreductibles sino tejidas una en otra como la vida las muestra. Y es que Cervantes supo observar. Por eso sus personajes tienen un tono acabadamente humano. ¿Está loco don Quijote? ¿Está cuerdo? Por encima de toda posible pregunta y de toda posible respuesta está la profunda humanidad del caballero. También Sancho tiene una honda humanidad. La gran verdad humana de los dos personajes hace de ellos no tipos sino seres vivos en los que de una u otra manera puede verse reflejado el hombre. De ahí su trascendencia y su universalidad.

ALGUNAS OBRAS DE CERVANTES

La Galatea (1585). Doce *Novelas ejemplares* (1613) entre las que destacan *El Licenciado Vidriera, La Gitanilla,* y *El coloquio de los perros.*

Entre sus obras teatrales hay que recordar *El retablo de las maravillas, La guarda cuidadosa* y *Pedro de Urdemalas.*

FRANCIA

San Sebastián

ao

VINCIAS
ONGADAS
NAVARRA

Los Pirineos

Andorra

CATALUÑA

VIEJA

O Zaragoza

Barcelona O

ao

ARAGÓN

MALLORCA

EVA

Valencia O

ISLAS
BALEARES

A

VALENCIA

O
Albacete

MURCIA Alicante

Murcia O

Cartagena

N

ia

ar Mediterráneo

0   100   250
km

CATALUÑA

ARAGÓN

CASTILLA
LA NUEVA

A ZARAGOZA Y BARCELONA

LA MANCHA

ÍNDICE

Que trata de lo que hablaron el Cura y el Barbero con don Quijote y de quién era el bachiller Sansón Carrasco 11

Que trata de la graciosa conversación entre Sancho y su mujer y de la tercera salida de don Quijote 19

Donde se cuenta lo que hizo Sancho para encantar a Dulcinea del Toboso 24

De la extraña aventura que le sucedió a don Quijote con el Caballero de los Espejos 30

Donde se cuenta la aventura de los leones 39

Donde se cuentan las bodas de Camacho 45

Que trata de los Duques 52

Que trata de la Dueña Dolorida 59

Que trata de los consejos que don Quijote le dio a Sancho antes de ir a gobernar la Ínsula y del gobierno de ella 67

Que trata también de Sancho y del gobierno de la Ínsula 74

Que trata del final del gobierno de Sancho 80

De lo que le pasó a don Quijote cuando salió del castillo de los Duques 87

Del caballero de la Blanca Luna 92

Que trata del desencantamiento de Dulcinea ... 98

De la enfermedad, testamento y muerte de don Quijote 105

QUE TRATA DE LO QUE HABLARON EL CURA Y EL BARBERO CON DON QUIJOTE Y DE QUIÉN ERA EL *BACHILLER* SANSÓN CARRASCO

El cura y el Barbero estuvieron casi un mes sin ver a don Quijote, por no traerle a la memoria las cosas pasadas; pero no por esto dejaron de visitar a la Sobrina y al Ama, encargándoles que le diesen de comer cosas *apropiadas* para el corazón y el cerebro, de donde procedía toda su *mala ventura.*

Visitáronle, en fin, y halláronle sentado en la cama. Estaba tan seco y *amojamado,* que no parecía sino hecho de carne *momia.* Fueron por él muy bien recibidos; preguntáronle por su salud, y él dio cuenta de ella con mucho juicio y con muy elegantes palabras. Pero el Cura, mudando el propósito primero, que era de no tratar cosas de caballerías, quiso hacer experiencia de si el buen juicio de don Quijote era falso o verdadero, y así, contó algunas novedades de la Corte. Entre otras, que el *Turco* bajaba con una poderosa *armada* y que con este temor, estaban en armas todos los cristianos, y su Majestad había

---

bachiller, el que había recibido el título del mismo nombre, después de haber estudiado en una Universidad.
En esta Segunda Parte de Don Quijote no se anotan las palabras que fueron explicadas en la Primera Parte.
apropiadas, convenientes
mala ventura, mala suerte, desgracia
amojamado, delgado o seco de carnes
momia, cadáver que de un modo natural o por preparación artificial se seca al pasar el tiempo
turco natural de Turquía; los turcos recorrían los mares atacando a las naves cristianas
armada, gran número de barcos

hecho *proveer* las costas de Nápoles y Sicilia. A esto respondió don Quijote:

– Su Majestad ha obrado como prudente guerrero en proveer sus estados con tiempo; pero, si se tomara mi consejo, yo le aconsejaría que usara de una prevención, en la cual su Majestad debe de estar muy ajeno de pensar.

El Barbero preguntó a don Quijote cuál era la prevención.

– Ya tarda en decirlo vuestra merced, señor don Quijote –, dijo el Cura.

– Su Majestad – dijo don Quijote –, no tiene que hacer más que mandar que se junten en la Corte para un día señalado todos los caballeros andantes que andan por España. Por ventura ¿es cosa nueva deshacer un solo caballero andante un ejército de doscientos mil hombres? Si no, díganme: ¿cuántas historias están llenas de estas maravillas?

---

proveer, tener preparado algún lugar con lo necesario para su defensa

A esto dijo el Cura:

– No me puedo *persuadir* de que los caballeros andantes hayan sido real y verdaderamente personas de carne y hueso, antes imagino que todo es fábula y mentira.

– Ese es otro error – respondió don Quijote –, en que han caído muchos. Yo estoy por decir que con mis propios ojos vi a Amadís de Gaula y bien pudiera, a mi parecer, pintar cuantos caballeros andantes hay en las historias.

En esto oyeron que el Ama y la Sobrina daban grandes voces en el patio y acudieron todos al ruido.

Vieron que tales voces las daban a Sancho Panza, diciéndole:

– ¿Qué quiere este *mostrenco* en esta casa? Idos a la vuestra, que vos sois el que distrae a mi señor.

A lo que Sancho respondió:

– Ama de Satanás, el distraído soy yo; él me llevó por esos mundos, él me sacó de mi casa con engaños, prometiéndome una ínsula que aún espero.

Don Quijote, temeroso de que Sancho dijese algún montón de necedades, le llamó e hizo que le dejasen entrar.

– Dime, Sancho amigo – dijo don Quijote –, ¿qué es lo que dicen de mí por este lugar? ¿Qué dicen de mi valentía, qué de mis hazañas y qué de mi cortesía?

– Pues lo primero – dijo Sancho –, es que el vulgo *tiene* a vuestra merced *por* grandísimo loco, y a mí por no menos *mentecato*.

– Mira, Sancho – dijo don Quijote –; dondequiera que

---

persuadir, convencer
mostrenco, ignorante, falto de entendimiento
tener por, considerar
mentecato, necio, tonto

13

esté la virtud en alto grado es perseguida.

– Si vuestra merced – dijo Sancho – quiere saberlo todo, yo le traeré quien se lo diga: anoche llegó el hijo de Bartolomé Carrasco, que viene de estudiar de *Salamanca,* y me dijo que andaba ya en libros la historia de vuestra merced con el nombre de EL INGENIOSO HIDALGO DON QUIJOTE DE LA MANCHA; dicen que me *mientan* a mí en ella con el mismo nombre de Sancho Panza, a la señora Dulcinea del Toboso, con otras cosas que pasamos nosotros a solas.

– Yo te aseguro, Sancho – dijo don Quijote –, que debe ser algún sabio encantador el autor de nuestra historia.

– Si vuestra merced gusta – replicó Sancho – que yo haga venir aquí al bachiller Sansón Carrasco, iré por él.

– Me harás mucho placer, amigo – dijo don Quijote –.

– Pues yo voy por él – respondió Sancho.

Y dejando a su señor, se fue a buscar al Bachiller, con el cual volvió de allí a poco tiempo.

Don Quijote le recibió con mucha cortesía.

Era el Bachiller, aunque se llamaba Sansón, no muy grande de cuerpo, de color *macilento,* pero de muy buen entendimiento; tendría hasta veinticuatro años, *carirredondo,* de boca grande y amigo de burlas, como lo mostró al ver a don Quijote y al ponerse delante de él de rodillas, diciéndole:

– Déme vuestra grandeza las manos, señor don Quijote de la Mancha, que es vuestra merced uno de los más

---

Salamanca, ver mapa en página 6. Ciudad célebre por su Universidad
mientan, de *mentar,* nombrar
macilento, pálido, sin color
carriredondo, de cara redonda

famosos caballeros andantes que ha habido y aún habrá.

Hízole levantar don Quijote y dijo:

– De esa manera, ¿verdad es que hay historia mía?

– Es tan verdad, señor – dijo Sansón –, que creo que en el día de hoy están impresos más de doce mil libros de la tal historia.

– Pero dígame vuestra merced, señor Bachiller: ¿qué hazañas mías son las que más se *ponderan* en esa historia?

– En eso – respondió el Bachiller – hay diferentes opiniones: unos prefieren la aventura de los molinos de viento, que a vuestra merced le parecieron gigantes;

---

ponderar, alabar

otros, la descripción de los ejércitos, que después parecieron ser ovejas. Pero dicen algunos que han leído la historia que *se holgaran* se le hubieran olvidado al autor de ella algunos de los infinitos palos que en diferentes encuentros dieron al señor don Quijote.

– Ahí entra la verdad de la historia – dijo Sancho –.

– Calla, Sancho – dijo don Quijote –, y no interrumpas al señor Bachiller, a quien suplico pase adelante en decirme lo que se cuenta de mí en la referida historia.

– Y de mí – dijo Sancho –, que también dicen que soy uno de los principales personajes de ella.

– Vos sois – respondió el Bachiller – la segunda persona de la historia. Infinitos son los que han gustado de ella; y algunos han puesto falta en la memoria del autor, pues se le olvidó poner lo que Sancho hizo con aquellos cien escudos que halló en la maleta en Sierra Morena, que nunca más los nombra.

Sancho respondió:

– Yo los gasté en provecho de mi persona, de mi mujer y de mis hijos, y ellos han sido la causa de que mi mujer lleve con paciencia los caminos que he andado sirviendo a mi señor don Quijote.

Declarando don Quijote al Bachiller su intento de hacer otra salida, le pidió consejo por qué parte comenzaría; el cual le respondió que fuese a la ciudad de *Zaragoza* donde se debían de hacer unas *justas* muy solemnes.

– De lo que yo aviso a mi señor – dijo en este punto Sancho –, es que, si me ha de llevar, ha de ser con la condición de que yo no he de estar obligado sino a mirar por

---

se holgaran, holgarse, alegrarse
Zaragoza, ver mapa en página 7
justa, combate con lanza entre dos caballeros

su persona. Sancho nací y Sancho pienso morir.

Quedaron en que la partida sería de allí a ocho días, y encargó don Quijote al Bachiller la tuviese secreta, especialmente al Cura, a la Sobrina y al Ama.

Preguntas

1. ¿Cómo quiso probar el Cura que don Quijote estaba en su sano juicio?

2. ¿Cómo debe obrar el rey según la opinión de don Quijote?

3. ¿Le interesa a don Quijote lo que de él dicen en su aldea?

4. ¿Cómo era el bachiller Carrasco?

5. ¿Qué hizo al ver a don Quijote?

6. ¿De qué cosas le informó?

7. ¿Por qué quiere don Quijote mantener el secreto de su salida?

QUE TRATA DE LA GRACIOSA CONVERSACIÓN ENTRE SANCHO PANZA Y SU MUJER TERESA PANZA Y DE LA TERCERA SALIDA DE DON QUIJOTE Y SANCHO PANZA SU ESCUDERO

Llegó Sancho a su casa tan alegre, que su mujer conoció su alegría enseguida; tanto, que la obligó a preguntarle:

– ¿Qué traéis, Sancho amigo, que tan alegre venís?

A lo que él respondió:

– Mirad, Teresa, yo estoy alegre, porque tengo determinado volver a servir a mi amo don Quijote, el cual quiere salir por tercera vez a buscar aventuras; y yo vuelvo a salir con él, porque lo quiere así mi necesidad, junto con la esperanza, que me alegra, de pensar si podré hallar otros cien escudos como los ya gastados; aunque me entristece el tenerme que apartar de ti y de mis hijos.

– Bien veo yo, marido – replicó Teresa –, que los *escuderos andantes* no comen el pan *de balde.* Pero mirad, Sancho: si por ventura os viérais con algún gobierno, no os olvidéis de mí y de vuestros hijos. Advertid que Sanchico tiene ya quince años, y es razón que vaya a la escuela. Mirad también que Mari Sancha, vuestra hija, parece que desea tanto tener marido como vos deseáis veros con el gobierno.

– *A buena fe* – respondió Sancho –, que, si Dios me llega a dar gobierno, tengo que casar, mujer mía, a Mari

---

escudero andante, el escudero del caballero andante, *escudo* ver ilustración en página 20

de balde, gratis

a buena fe, frase adverbial propia de la lengua antigua, muy usada por la gente del campo; en verdad, ciertamente

Sancha tan altamente, que no la alcancen sino con llamarla *señoría*.

– Eso no, Sancho – respondió Teresa –; casadla con su igual, que es lo más acertado. Traed vos dineros, Sancho, y el casarla dejadlo a mi cargo. Y si estáis porfiando en tener gobierno, bien será que el hijo herede y aprenda el oficio.

– Teniendo gobierno – dijo Sancho –, enviaré por él y te enviaré dineros. Vístelo de modo que disimule lo que es y parezca lo que ha de ser.

Sancho volvió a ver a don Quijote, para tratar de su partida. Apenas vio el Ama que Sancho Panza se encerraba con su señor, cuando se dio cuenta de sus tratos; imaginando que de aquella conversación había de salir la *resolución* de su tercera salida, toda llena de pesar, se fue a buscar al bachiller Sansón Carrasco. Hallóle paseando por el patio de su casa y, al verle, se dejó caer a sus pies.

Cuando la vio Carrasco le dijo:

– ¿Qué es esto, señora mía?

– No es nada, señor Sansón, si no que mi amo se sale.

– ¿Por dónde se sale, señora? – preguntó Sansón.

– No se sale – respondió ella – sino por la puerta de su locura; quiero decir, señor Bachiller, que quiere salir otra vez a buscar por ese mundo lo que él llama aventuras.

escudo

---

señoría, tratamiento que se da al que gobierna un estado.
resolución, decisión

– Pues no tenga pena – respondió el Bachiller –; váyase *enhorabuena* a su casa, que yo iré luego allá y verá maravillas.

Mientras tanto, decía Sancho a su amo:

– Señor, ya tengo medio convencida a mi mujer de que me deje ir con vuestra merced a donde quiera llevarme. El caso es que, como vuestra merced mejor sabe, todos estamos sujetos a la muerte: hoy somos y mañana no.

– Todo eso es verdad – dijo don Quijote –; pero no sé dónde vas a parar.

– Voy a parar – dijo Sancho – en que vuestra merced me señale *salario;* que no quiero estar a *mercedes* que llegan tarde o nunca; en fin, yo quiero saber lo que gano, poco o mucho, que muchos pocos hacen un mucho, y mientras se gana algo, no se pierde nada.

– Sancho amigo – respondió don Quijote –, he penetrado lo último de tus pensamientos. Yo bien te señalaría salario, si hubiera hallado en alguna de las historias de los caballeros andantes qué es lo que los escuderos solían

---

enhorabuena, en hora buena
salario, sueldo
mercedes, favores

ganar cada mes o cada año. Todos servían a merced, y cuando menos lo pensaban, se hallaban premiados con una ínsula. Si con estas esperanzas, Sancho, gustas de volver a servirme, sea en buena hora; y si no quieres venir conmigo, que Dios quede contigo; a mí no me faltarán escuderos más obedientes y no tan habladores como tú. Cuando Sancho oyó la firme resolución de su amo, se le *nubló el cielo;* y así, estando suspenso y pensativo, entró Sansón Carrasco, y abrazando a don Quijote, dijo:

– ¡Oh flor de andante caballería! Ea, señor don Quijote, antes hoy que mañana se ponga vuestra merced en camino, y si fuera necesario serviros de escudero, lo tendré a muy feliz ventura.

Dijo don Quijote, volviéndose a Sancho:

– ¿No te dije yo, Sancho, que me habían de sobrar escuderos? ¡Mira quién se ofrece a serlo! Quédese de nuevo Sansón en su patria, que yo con cualquier escudero estaré contento, ya que Sancho no se digna venir conmigo.

– Sí me digno – respondió Sancho, llenos de lágrimas los ojos –. Sabe todo el mundo, y especialmente mi pueblo, quiénes fueron los Panzas. Si me he puesto en cuentas acerca de mi salario, ha sido por complacer a mi mujer.

Admirado quedó el Bachiller del modo de hablar de Sancho.

En los tres días siguientes don Quijote y Sancho se *acomodaron de* lo que les pareció conveniente, y al anochecer del tercero, sin que nadie los viese, se pusieron en camino del Toboso.

---

nublársele el cielo a uno, fig. ponerse triste
acomodarse de, proveerse de lo necesario

Preguntas

1. ¿Por qué está contento Sancho?
2. ¿Por qué está triste en otra ocasión?
3. ¿Es dura la profesión de escudero? ¿Y la de escudero andante?
4. ¿Qué quiere Teresa Panza para sus hijos?
5. ¿Qué le pide Sancho a su amo?
6. ¿Por qué le niega don Quijote la petición?

DONDE SE CUENTA LO QUE HIZO SANCHO PARA ENCANTAR A DULCINEA DEL TOBOSO

Cuando quedaron solos, dijo don Quijote:

– Sancho amigo, la noche va entrando con más oscuridad de la que *habíamos menester* para alcanzar a ver con el día el Toboso. Allí tomaré la bendición y buena *licencia* de la *sin par* Dulcinea, con las cuales tengo por cierto acabar toda peligrosa aventura.

– Yo así lo creo – respondió Sancho –; pero tengo por *dificultoso* que vuestra merced pueda hablarle.

– Vamos allá, Sancho – replicó don Quijote –; que cualquier rayo que del sol de su belleza llegue a mis ojos, alumbrará mi entendimiento y *fortalecerá* mi corazón.

Pasó aquella noche y el día siguiente, sin que les aconteciera cosa que fuese digna de contar. Al anochecer del otro día descubrieron la gran ciudad del Toboso.

Media noche era, poco más o menos, cuando don Quijote y Sancho dejaron el monte y entraron en el Toboso. Estaba el pueblo en un *sosegado* silencio, porque todos sus vecinos dormían y reposaban.

No se oían en el lugar sino *ladridos* de perros, y los diferentes sonidos de otros animales se aumentaban con el silencio de la noche.

– Sancho hijo – dijo don Quijote –, guía al palacio de Dulcinea; quizá podrá ser que la hallemos despierta.

---

haber menester, tener necesidad
licencia, permiso
sin par, sin igual
dificultoso, difícil
fortalecer, dar fuerza, hacer más fuerte
sosegado, tranquilo
ladrido, voz propia del perro

– ¿A qué palacio tengo que guiar – respondió Sancho –, si yo vi a su grandeza en una casa muy pequeña?

– Debía estar retirada entonces – respondió don Quijote – en algún pequeño apartamento de su *alcázar*. Hallémoslo primero, que entonces yo te diré, Sancho, lo que será bien que hagamos.

– Pues guíe vuestra merced – respondió Sancho.

Guió don Quijote, y habiendo andado como doscientos pasos, vio una gran torre, y luego conoció que el tal edificio no era alcázar, sino la iglesia principal del pueblo; y dijo:

– Con la iglesia hemos dado, Sancho.

– Ya lo veo – respondió Sancho.

En esto vieron que por donde ellos estaban pasaba un labrador, a quien don Quijote preguntó:

– ¿Sabréis decirme, buen amigo, dónde están los palacios de la sin par princesa doña Dulcinea del Toboso?

– Señor – respondió el mozo –, hace pocos días que estoy en este pueblo sirviendo a un labrador rico; en esta casa vive el cura del lugar, que sabrá *dar razón* a vuestra merced de esa princesa.

– Señor – dijo Sancho –, ya se viene el día y no será acertado dejar que nos halle el sol en la calle. Mejor será que nos salgamos fuera del lugar y que vuestra merced *se embosque* en alguna *floresta* aquí cercana; yo no dejaré en todo este lugar donde no busque la casa, alcázar o palacio de mi señora.

– Sancho – dijo don Quijote –, el consejo que ahora

---

alcázar, palacio
dar razón, dar noticia
se embosque, emboscarse, ocultarse entre las ramas o los árboles del bosque
floresta, bosque

me has dado lo recibo de muy buena gana.

Apenas hubo salido del bosque Sancho Panza, se *apeó* del jumento, y sentándose al pie de un árbol, comenzó a hablar consigo mismo y a decirse:

– Sepamos ahora, Sancho hermano, a dónde va vuestra merced. ¿Va a buscar algún jumento que se le haya perdido? – No, por cierto. – Pues, ¿qué va a buscar? – Voy a buscar a una princesa, y en ella al sol de la hermosura y a todo el cielo junto. – ¿Y dónde pensáis hallar eso que decís, Sancho? – ¿Dónde? En la gran ciudad del Toboso. – Y bien, ¿de parte de quién la váis a buscar? – De parte del gran caballero don Quijote de la Mancha. – Todo eso está muy bien. ¿Sabéis su casa, Sancho? – Mi amo dice que han de ser unos reales palacios. Mi amo es un loco, y en su locura muchas veces toma unas cosas por otras y juzga lo blanco por negro y lo negro por blanco; no será pues, difícil hacerle creer que una labradora es la señora Dulcinea.

Con esto Sancho Panza quedó sosegado. Cuando se levantó para subir en el jumento, vio que del Toboso hacia donde él estaba venían tres labradoras sobre tres pollinos. Así como las vio, volvió a buscar a su señor. Cuando don Quijote le vio le dijo:

– ¿Qué hay, Sancho amigo? ¿Traes buenas *nuevas?*

– Tan buenas – respondió Sancho –, que no tiene más que salir a ver a la señora Dulcinea del Toboso, que con otras dos, doncellas suyas, viene a ver a vuestra merced.

– ¡Santo Dios! ¿Qué es lo que dices, Sancho amigo? – dijo don Quijote –. Mira, no me engañes ni quiras con falsas alegrías engañar mis verdaderas tristezas.

---

se apeó, apearse, bajarse de un caballo, de un coche etc.
nuevas, noticias

Salieron del bosque y descubrieron de cerca a las tres *aldeanas*. Tendió don Quijote los ojos por todo el camino del Toboso, y, como no vio sino a las tres labradoras, preguntó a Sancho si la había dejado fuera de la ciudad.

– ¿Cómo fuera de la ciudad? – respondió. ¿No ve vuestra merced que son éstas las que aquí vienen?

– Yo no veo, Sancho – dijo don Quijote –, sino a tres labradoras sobre tres pollinos.

– Calle, señor – dijo Sancho –, y venga a *hacer reverencia* a la señora de sus pensamientos que ya llega.

Ya se había puesto don Quijote *de hinojos* junto a Sancho, y miraba con la vista turbada a la que Sancho llamaba reina y señora. Las labradoras estaban *asímismo* admiradas, viendo a aquellos dos hombres tan diferentes, *hincados* de rodillas, que no dejaban pasar a su compañera; pero ésta, rompiendo el silencio, dijo:

– Apártense del camino y déjennos pasar, que vamos de prisa.

– Levántate, Sancho – dijo a este punto don Quijote.

Apartóse Sancho y dejóla ir, contentísimo de haber salido bien de su mentira. Apenas se vio libre la aldeana que había hecho la figura de Dulcinea, dióse a correr por el *prado* adelante. El borrico empezó a *dar corcovos* de manera que dio con la señora Dulcinea en tierra; lo cual visto por don Quijote, acudió a levantarla, pero la señora le

---

aldeana, mujer de la aldea, del pueblo
hacer reverencia, hacer un saludo con cortesía y respeto, acompañado de la inclinación del cuerpo
de hinojos, de rodillas
asímismo, también
hincados, hincar, clavar, *hincarse de rodillas,* ponerse de rodillas
prado, lugar donde la hierba crece, para alimento de los animales
dar corcovos, corcovo, salto que dan algunos animales, levantando el lomo (espalda)

quitó aquel trabajo, porque, haciéndose algún tanto atrás, tomó una carrerita, y puestas ambas manos sobre las *ancas* del pollino, quedó montada en él como si fuera hombre.

Al verse Dulcinea sobre su asno, siguieron las tres adelante, sin volver la cabeza atrás por espacio de media *legua*. Siguiólas don Quijote con la vista, y volviéndose a Sancho, le dijo:

– Sancho ¿qué te parece lo mal querido que soy de encantadores? Y mira hasta donde se extiende su maldad, pues me han querido privar del contento que pudiera darme ver en su ser a mi señora.

– ¡Oh canalla! – gritó Sancho – ¡Oh encantadores mal intencionados!

Finalmente, volvieron a subir a sus bestias y siguieron el camino de Zaragoza, a unas solemnes fiestas que en aquella *insigne* ciudad cada año suelen hacerse.

---

anca cada una de las dos partes posteriores de algunos animales
legua, medida empleada para los caminos, en España equivale a 5'5 kms.
insigne, famosa

Preguntas

1. ¿Por qué se dirigen caballero y escudero al Toboso?

2. ¿A qué hora llegaron a la ciudad?

3. ¿Cómo la encontraron?

4. ¿Encontraron el palacio de Dulcinea?

5. ¿Qué aconsejó Sancho a su amo cuando vieron que se acercaba el día?

6. ¿Cómo reflexiona Sancho para poder engañar a su amo?

7. ¿Cómo recibió don Quijote a las tres labradoras?

8. ¿Cómo reaccionaron las tres labradoras?

9. ¿Cómo se explicó don Quijote esta reacción?

DE LA EXTRAÑA AVENTURA QUE LE SUCEDIÓ AL VALEROSO DON QUIJOTE CON EL VALIENTE CABALLERO DE LOS ESPEJOS

La noche que siguió la pasaron don Quijote y su escudero debajo de unos árboles muy altos.

Gran parte de la noche se les pasó en conversación, hasta que Sancho se quedó dormido, y también don Quijote, al pie de una gruesa *encina*.

Había pasado poco tiempo cuando despertó a don Quijote un ruido a sus espaldas. Se puso a mirar y a escuchar de dónde procedía el ruido, y vio que eran dos hombres a caballo y que uno decía al otro:

– Apéate, amigo; que, a mi parecer, este sitio es abundante en hierba para los caballos y en el silencio y soledad que han menester mis amorosos pensamientos.

Don Quijote, llegándose a Sancho, que dormía, le dijo en voz baja:

– Hermano Sancho, aventura tenemos.

– Dios nos la dé buena – respondió Sancho – ¿Dónde está, señor mío, esa aventura?

– ¿Dónde, Sancho? – replicó don Quijote –. Vuelve los ojos y mira: verás allí tendido un andante caballero, que no debe de estar demasiado alegre.

El Caballero del Bosque, con voz muy triste dijo:

– ¡Oh la más hermosa y la más *ingrata* mujer del *orbe*!

encina

---

ingrata, no agradecida
orbe, mundo

¿No basta ya que haya hecho que te confiesen por la más hermosa todos los caballeros de *Navarra,* todos los *castellanos* y, finalmente todos los caballeros de la Mancha?

– Eso no – dijo don Quijote –; que yo soy de la Mancha y nunca he confesado tal cosa. Este caballero ya ves tú, Sancho, que *desvaría.*

Habiendo oído el Caballero del Bosque que hablaban cerca de él, se puso en pie y dijo con voz sonora:

– ¿Quién va allá? ¿Qué gente? ¿Es por ventura de la del número de los contentos o de la de los afligidos?

– De los afligidos – respondió don Quijote.

– Pues, lléguese a mí – respondió el Caballero del Bosque.

Don Quijote se llegó a él y le dijo:

– Caballero soy y de los que profesan la andante caballería.

– ¿Por ventura, señor caballero – preguntó el del Bosque a don Quijote –, sois enamorado?

– Por *desventura* lo soy – respondió don Quijote –; y nunca fui desdeñado de mi señora.

– No, por cierto – dijo Sancho –; porque es mi señora más blanda que la manteca.

– ¿Es vuestro escudero éste? – preguntó el del Bosque.

– Sí es – respondió don Quijote.

– Nunca he visto yo escudero – replicó el del Bosque – que se atreva a hablar donde habla su señor; a lo me-

Navarra, ver mapa en página 7
castellano, natural de Castilla; ver mapa en página 6-7
desvariar, decir locuras
desventura, desgracia

nos, ahí está el mío, y no se me probará que haya *despegado el labio* donde yo hablo.

Y prosiguió:

– Quiero que sepáis que mi destino me trajo a enamorarme de la sin par Casildea de Vandalia. Pero de lo que más me precio es de haber vencido a aquel tan famoso caballero don Quijote de la Mancha y de haberle hecho confesar que es más hermosa mi Casildea que su Dulcinea; y en solo este *vencimiento* he vencido a todos los caballeros del mundo, porque el tal don Quijote que digo los ha vencido a todos.

Quedó admirado don Quijote al oír al Caballero del Bosque y le dijo:

– De que vuestra merced haya vencido a la mayoría de los caballeros andantes de España, y aún de todo el mundo, no digo nada; pero de que haya vencido a don Quijote de la Mancha lo pongo en duda.

– ¿Cómo no? – replicó el del Bosque –. Peleé con don Quijote y le vencí; es un hombre alto de cuerpo, seco de rostro, estirado de miembros, la nariz algo *curva,* de *bigotes* grandes, negros y caídos. Lleva el nombre de Caballero de la Triste Figura y trae por escudero a un labrados llamado Sancho Panza; y tiene por señora de su voluntad a una tal Dulcinea del Toboso.

– Sosegáos, señor caballero – dijo don Quijote –. Ese don Quijote que decís es el mayor amigo que en este mundo tengo; tanto, que podré decir que le tengo en el lugar de mi persona. Si esto no basta para convenceros, aquí está el mismo don Quijote.

---

despegar el labio, abrir la boca
vencimiento, acción y efecto de vencer
curva, no derecha, no recta

bigotes

Diciendo esto, se levantó en pie y tomó la espada, esperando la resolución del Caballero del Bosque. Éste dijo:

– Porque no está bien que los caballeros hagan sus hechos de armas a oscuras, esperemos el día. Y ha de ser condición de nuestra batalla que el vencido ha de quedar *a merced* del vencedor.

– Estoy más que contento con esa condición – respondió don Quijote.

Se fueron a donde estaban sus escuderos, y los hallaron *roncando.*

Apenas dio lugar la claridad del día para ver y diferenciar las cosas, cuando la primera que se ofreció a los ojos de Sancho Panza fue la nariz de su compañero. La nariz era tan grande que casi le hacía sombra a todo el cuerpo.

---

a merced, a voluntad
roncar, hacer ruido al respirar, durante el sueño

Don Quijote miró al Caballero del Bosque y notó que era un hombre no muy grande de cuerpo. Sobre las armas traía una *casaca* de una tela, al parecer, de oro muy fino; sembradas por ella muchas lunas pequeñas, de *resplandecientes* espejos.

Dijo el Caballero de los Espejos:

– Advertid, señor caballero, la condición de nuestra batalla.

– Ya lo sé – respondió don Quijote.

– Suplico a vuestra merced, señor mío – dijo Sancho –, que me ayude a subir a aquella encina, desde donde podré ver mejor que desde el suelo el encuentro que vuestra merced ha de hacer con este caballero.

– Antes creo, Sancho – dijo don Quijote –, que te quieres subir para ver sin peligro los toros.

– La verdad es que – respondió Sancho – las *desaforadas* narices de aquel escudero me tienen lleno de espanto.

casaca, vestido ajustado al cuerpo con mangas largas y falda hasta la rodilla
resplandeciente, muy brillante
desaforadas, grandes con exceso

– Ellas son tales – dijo don Quijote – que, a no ser yo quien soy, también me asombraran. Ven: te ayudaré a subir.

Don Quijote, a quien pareció que ya su enemigo venía volando, montado en Rocinante y con rabia no vista, llegó donde el de los Espejos estaba y arremetió contra él con tanta fuerza, que le hizo venir al suelo dando tal caída, que pareció quedar muerto. Apenas le vio caído Sancho, se bajó del árbol y a toda prisa vino donde su señor estaba; el cual, apeándose de Rocinante, fue hacia el de los Espejos y así como le vio, dijo en altas voces:

– ¡Acude, Sancho, y mira lo que verás y no creerás!

Llegó Sancho, y como vio el rostro del bachiller Carrasco, comenzó a hacerse mil cruces y dijo:

– Soy del parecer, señor mío, de que vuestra merced meta la espada en la boca de este que parece el bachiller Sansón Carrasco.

– No dices mal – dijo don Quijote –. Y sacando la espada iba a poner en efecto el consejo de Sancho, cuando llegó el escudero de el de los Espejos, ya sin narices, y a grandes voces dijo:

– Mire vuestra merced lo que hace; que este que tiene a sus pies es el bachiller Sansón Carrasco, su amigo, y yo soy su escudero.

Viéndole Sancho dijo:

– ¿Y las narices?

A lo que él respondió:

– Aquí las tengo, en la *faltriquera.*

– ¡Santa María! ¿Éste no es Tomé Cecial, mi vecino? – dijo Sancho. En esto volvió en sí el de los Espejos.

– Muerto sois, caballero – dijo don Quijote –. si no

---

faltriquera, bolsillo

freno

confesáis que la sin par Dulcinea del Toboso *aventaja* en belleza a vuestra Casildea de Vandalia.

– Todo lo confieso, juzgo y siento como vos creéis, juzgáis y sentís – respondió el caballero –. Dejadme levantar, os ruego, si es que lo permite el golpe de mi caída.

Tomé Cecial, su escudero, y don Quijote le ayudaron a levantarse, pero Sancho no apartaba los ojos del escudero, preguntándole cosas, cuyas respuestas le daban claras señales de que era Tomé Cecial como decía. Pero, sin embargo, amo y mozo se quedaron con el engaño de que los encantadores habían mudado la figura del Caballero de los Espejos en la del bachiller Sansón Carrasco y

---

aventajar, llevar ventaja

también la de su escudero. Éstos se apartaron con la intención de buscar algún lugar a donde ir para que le arreglaran los huesos al Caballero de los Espejos.

Preguntas

1. ¿Qué vio don Quijote mientras Sancho dormía?

2. ¿Qué oyeron decir al Caballero de los Espejos?

3. ¿Qué contó el Caballero de los Espejos cuando los escuderos se retiraron?

4. ¿Quiénes eran en realidad el Caballero de los Espejos y su escudero?

5. ¿Qué pensó don Quijote al ver al Bachiller?

DONDE SE DICE A QUÉ EXTREMO PUDO LLEGAR EL ÁNIMO DE DON QUIJOTE CON LA FELIZMENTE ACABADA AVENTURA DE LOS LEONES

Con gran alegría y contento siguió don Quijote su jornada imaginándose por la pasada victoria ser el caballero más valiente que tenía en aquella *edad* el mundo. Iba todo ocupado en estas imaginaciones, cuando Sancho *desvió* del camino para pedir un poco de leche a unos *pastores*.

Aún no había regresado Sancho, cuando don Quijote vio acercarse un carro lleno de banderas reales. Creyendo que debía de ser una nueva aventura, llamó a grandes voces a su escudero. Éste, que acababa de comprar unos *requesones*, no supo qué hacer con ellos y los echó en la *celada* de su señor. Hecho esto volvió a ver qué quería su amo.

Don Quijote le dijo:

– Dame, amigo, esa celada.

Tuvo que dársela Sancho como estaba, porque no tuvo tiempo de sacar los requesones. Tomóla don Quijote,

celada

---

edad, tiempo
desviar, alejar
pastor, hombre que cuida las ovejas
requesón, masa blanda que se obtiene de la leche

y con toda prisa se la metió en la cabeza. Como los requesones se apretaron, comenzó a correr el líquido por todo el rostro y barbas de don Quijote, de lo que recibió tal susto que dijo a Sancho:

– ¿Qué será esto, Sancho, que parece que se me *ablandan* los *sesos*?

Y si es que sudo, no es de miedo. Dáme, si tienes, con qué me limpie.

Limpióse don Quijote, se quitó la celada para ver qué cosa era la que le enfriaba la cabeza y oliéndola dijo:

– Por vida de mi señora Dulcinea del Toboso, que son requesones los que aquí me has puesto traidor y mal mirado escudero.

A lo que Sancho respondió:

– Si son requesones, démelos vuestra merced; que yo me los comeré . . . Pero cómalos el diablo, que debió de ser el que ahí los puso; que si requesones fueran, antes los pusiera en mi estómago que en la celada.

En esto llegó el carro de las banderas, y don Quijote, poniéndose delante de él, dijo:

– ¿A dónde váis, hermanos? ¿Qué carro es éste? ¿Qué lleváis en él? ¿Qué banderas son ésas?

A lo que respondió el *carretero:*

– El carro es mío; lo que va en él son dos bravos leones *enjaulados;* las banderas son del Rey nuestro señor.

– ¿Son grandes los leones? – preguntó don Quijote.

– Tan grandes – respondió el hombre que iba a la puerta del carro –, que no han pasado mayores ni tan

---

ablandar, poner blando
sesos, cerebro
carretero, hombre que guía el carro
enjaulado, metido en una *jaula*

jaula

grandes de África a España jamás, y están hambrientos
porque no han comido hoy.

A lo que dijo don Quijote, sonriéndose un poco:

– ¿Leoncitos a mí? ¿A mí leoncitos, y a tales horas?;
pues, por Dios, que han de ver esos señores si soy yo
hombre que se espanta de leones. Abrid esas jaulas, que
en mitad de este campo les daré a conocer quién es don
Quijote de la Mancha. Si no abrís enseguida las jaulas,
con esta lanza os he de coser.

– Que me sean testigos cuantos aquí están – dijo el
leonero a grandes voces – cómo contra mi voluntad abro
las jaulas y suelto los leones.

– Mire, señor, – decía Sancho –, que aquí no hay *encanto;* que yo he visto una uña de león verdadero y saco

---

leonero, hombre que cuida los leones
encanto, acción de encantar

por ella que el tal león debe ser mayor que una montaña.

– El miedo – respondió don Quijote – te lo hará parecer mayor que la mitad del mundo. Retírate, Sancho, y déjame.

Lloraba ya Sancho la muerte de su señor y maldecía la hora que le vino al pensamiento volver a servirle; pero no por llorar dejaba de golpear al borrico para que se alejase del carro.

Don Quijote estuvo considerando si sería mejor hacer la batalla a pie o a caballo, y determinando hacerla a pie, saltó del caballo, arrojó la lanza, y *desenvainando* la espada, se fue a poner delante del carro.

Habiendo visto el leonero ya preparado a don Quijote, abrió la primera jaula donde estaba el león, el cual apareció de grandeza extraordinaria. Don Quijote lo miraba atentamente, pero el león después de haber mirado a una y otra parte, volvió las espaldas a don Quijote, y se echó de nuevo en la jaula; viendo lo cual don Quijote mandó al leonero que le diese de palos para echarle fuera.

– Eso no lo haré yo – respondió el leonero –; el león tiene abierta la puerta: en su mano está el salir o el no salir, y la grandeza del corazón de vuestra merced está bien declarada.

– Así es verdad – respondió don Quijote –; cierra,

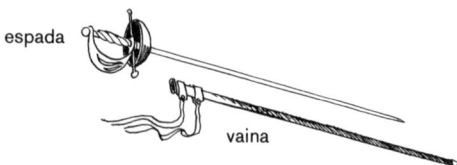

desenvainar, sacar la espada de la *vaina*

amigo, la puerta y da testimonio de lo que aquí me has visto hacer: cómo tú abriste al león, y yo le esperé, cómo él no salió y volvíle a esperar, volvió a no salir, y volvióse a acostar. Cierra, como de dicho.

Hízolo así el leonero, y don Quijote comenzó a llamar a los que no dejaban de huir, los cuales, finalmente, volvieron al carro.

– Volved, hermano – dijo don Quijote al carretero –, a seguir vuestro viaje. Y tú, Sancho, dale dos escudos de oro en recompensa de lo que por mí se han detenido.

– Ésos daré yo de muy buena gana – respondió Sancho –; pero, ¿qué se ha hecho de los leones? ¿Están muertos o vivos?

Entonces el leonero contó, como mejor pudo y supo, la aventura y el valor de don Quijote.

– ¿Qué te parece de ésto, Sancho? – dijo don Quijote – ¿Hay encantos que valgan contra la verdadera valentía? Bien podrán los encantadores quitarme la ventura; pero el ánimo, será imposible.

Besó las manos el leonero a don Quijote por la merced recibida, y prometióle contar aquella valerosa hazaña al mismo Rey.

– Pues si acaso su Majestad preguntase quién la hizo, le diréis que el Caballero de los Leones; que de aquí en adelante quiero que en éste se cambie el que hasta aquí he tenido de el Caballero de la Triste Figura. Y en esto sigo la antigua costumbre de los andantes caballeros, que se mudaban los nombres cuando querían.

Siguió su camino el carro, y don Quijote y Sancho siguieron el suyo.

Preguntas

1. ¿Por qué puso Sancho los requesones en la celada?

2. ¿Qué piensa don Quijote y cómo reacciona?

3. ¿Qué vio venir don Quijote por el camino?

4. ¿Qué le dijo don Quijote al leonero? ¿Qué respondió éste?

5. ¿Qué hace el león?

6. ¿Queda satisfecho don Quijote de la actitud del león?

7. ¿Cómo se llamará don Quijote de ahora en adelante?

8. ¿Por qué cambia su nombre?

DONDE SE CUENTAN LAS BODAS
DE CAMACHO

Poco *trecho* se había alejado don Quijote, cuando se encontró con dos estudiantes y dos labradores. Saludóles don Quijote y les dijo en breves razones quién era, su oficio y profesión de caballero andante que iba a buscar aventuras por todas las partes del mundo. Los estudiantes comprendieron la locura de don Quijote, y uno de ellos le dijo:

– Si vuestra merced no lleva camino determinado, véngase con nosotros: verá una de las mejores y más ricas bodas que hasta el día de hoy se han celebrado en la Mancha.

Don Quijote le preguntó si eran las bodas de algún príncipe.

– No son – respondió el estudiante – sino de un labrador y de una labradora; él el más rico de toda esta tierra, ella la más hermosa que han visto los hombres. Las bodas se han de celebrar en un prado que está junto al pueblo de la novia, a quien llaman Quiteria la Hermosa, y él se llama Camacho el Rico; pero ninguna de las cosas referidas han de hacer más *memorables* estas bodas que las que hará en ellas el *despechado* Basilio. Basilio se enamoró de Quiteria desde los primeros años. El padre de Quiteria ordenó casar a su hija con el rico Camacho, pues no le pareció bien casarla con Basilio, que no tiene tantos bienes de fortuna como de naturaleza. No me queda más ·que decir que desde que Basilio supo que la hermosa

---

trecho, espacio, distancia
memorable, digno de memoria, de que no se olvide
despechado, ofendido porque ha sido desdeñado, despreciado

Quiteria se casaba con Camacho el Rico, nunca más le han visto reír, siempre anda pensativo y triste, y tememos todos los que le conocemos que al *dar el sí* mañana la hermosa Quiteria, ha de ser para él la muerte.

– Dios lo hará mejor – dijo Sancho –; nadie sabe lo que está por venir: de aquí a mañana muchas horas hay, y en una, y aún en un momento, se cae la casa.

– ¿Adonde vas a parar, Sancho? – dijo don Quijote –. Que cuando empiezas con dichos y cuentos, no se te puede parar.

Ya había anochecido, pero antes de llegar, les pareció a todos que estaba delante del pueblo un cielo lleno de *innumerables* estrellas. Oyeron asimismo suaves sonidos de diversos *instrumentos*. No quiso entrar don Quijote en el lugar, por ser costumbre de los caballeros andantes dormir por los campos y bosques antes que en los lugares habitados; y con esto se desvió un poco del camino, bien contra la voluntad de Sancho.

A la mañana siguiente, apenas había amanecido, don Quijote se puso en pie y llamó a su escudero, que aún dormía. Sancho despertó con sueño y perezoso, y volviendo el rostro a todas partes dijo:

– De la parte de esta *enramada*, si no me engaño, sale un rico olor a asados: bodas que por tales olores comienzan, deben de ser abundantes y generosas.

– Ven – dijo don Quijote –; iremos a ver estas bodas por ver lo que hace el desdeñado Basilio.

---

dar el sí, aceptar al otro en matrimonio
innumerables, que no se pueden contar
instrumentos aquí musicales, conjunto de diversas piezas que producen sonidos
enramada, conjunto de ramas espesas

46

Lo primero que se ofreció a la vista de Sancho fue un *novillo* en un *asador*. Las *liebres,* ya sin *pellejo* y las gallinas sin pluma que estaban colgadas en los árboles no tenían número. Los pájaros y caza de diversas clases eran infinitos. Contó Sancho más de sesenta *cueros* todos llenos de excelentes vinos.

Había pan blanquísimo. Había muchos quesos. Los

cuero de vino   liebre   asador

---

novillo, toro de dos o tres años
pellejo, piel

cocineros y cocineras pasaban de cincuenta, todos limpios, diligentes y contentos.

Estaba don Quijote mirando cómo por una parte de la enramada entraban hasta doce labradores vestidos de fiesta diciendo:

– ¡Vivan Camacho y Quiteria, él tan rico como ella hermosa, y ella la más hermosa del mundo!

En esto, se oyeron grandes voces y ruido que hacían los que iban a recibir a los novios, que venían acompañados del Cura, de los parientes y de toda la gente más lucida de los lugares vecinos. Venía la hermosa Quiteria algo *descolorida*. Se iban acercando a un teatro que a un lado del prado estaba, desde donde habían de mirar los bailes, cuando oyeron a sus espaldas grandes voces y una que decía:

– Esperáos un poco, gente apresurada.

A estas voces volvieron la cabeza y vieron que las daba un hombre vestido de negro y rojo, y que en las manos traía un *bastón* grande. Al llegar, fue conocido de todos por el desdeñado Basilio.

Cansado y sin aliento, se puso delante de los novios, clavando en el suelo su bastón, que tenía punta de acero. Puestos los ojos en Quiteria, dijo:

– Bien sabes, ingrata Quiteria, que conforme a la santa religión que profesamos, viviendo yo, tú no puedes tomar esposo.

Diciendo esto, *asió* el bastón, se arrojó sobre él, y al momento asomó por la espalda la punta cubierta de sangre, quedando el triste bañado en su sangre y tendido en el suelo.

---

descolorida, pálida, sin color
asió, asir, coger

bastón

Volviendo un poco en sí, Basilio, con voz desmayada, dijo:

– Si quieres, cruel Quiteria, darme la mano de esposa, aún pensaría que mi temeridad tenía excusa, pues en ella alcancé el bien de ser tuyo.

Oyendo don Quijote lo que pedía el herido, dijo en altas voces que Basilio pedía una cosa muy justa, ya que el señor Camacho quedaría tan honrado recibiendo a la señora Quiteria por esposa, viuda del valeroso Basilio, como si la recibiera del lado de su padre.

Todo lo oía Camacho sin saber qué hacer ni qué decir; pero las voces de los amigos de Basilio le forzaron a decir que, si Quiteria quería darle la mano de esposa, él se contentaba.

Estando, pues, asidos de las manos Basilio y Quiteria, el Cura les echó la bendición, y el novio, así como la recibió, se levantó con gran ligereza. Quedaron todos admirados, y, en altas voces, comenzaron a decir:

– ¡Milagro, milagro!

– ¡No milagro, milagro, sino *industria,* industria! – replicó Basilio.

El Cura acudió con ambas manos a tocar la herida, y halló que la *cuchillada* había pasado no por la carne de Basilio, sino por una caña *hueca* de hierro llena de sangre. El Cura y Camacho *se tuvieron por* burlados. A la esposa no pareció pesarle la burla; antes, oyendo decir que aquel casamiento, por haber sido engañoso, no había de ser valedero, dijo que ella lo *confirmaba.* Camacho y los suyos arremetieron contra Basilio. Don Quijote, con la lanza sobre el brazo, a grandes voces, dijo:

– Detenéos, señores, detenéos: que no es razón que toméis venganza de las ofensas que el amor nos hace. Quiteria era de Basilio y Basilio de Quiteria, por justa y favorable disposición de los cielos. A los que Dios junta no podrá separar el hombre; y el que lo intente, primero habrá de pasar por la punta de esta lanza.

De modo tan intenso se fijó en la imaginación de Camacho el *desdén* de Quiteria, que se le borró de la memoria en un instante y admitió los consejos del Cura que era varón prudente y de buenas intenciones. Y así quedaron Camacho y los suyos *pacíficos* y sosegados.

---

industria, habilidad para hacer una cosa
cuchillada, golpe dado con un cuchillo o con un arma que corte
hueco, que no tiene nada dentro
tenerse por, considerarse
confirmar, aprobar de nuevo
desdén, desprecio
pacífico, en paz, tranquilo

Preguntas

1. ¿Con quién se encontró don Quijote?

2. ¿A qué bodas iban los estudiantes?

3. ¿Quién es Basilio?

4. ¿Qué vio Sancho?

5. ¿De qué engaño se valió Basilio para casarse con Quiteria?

6. ¿Qué dice don Quijote?

QUE TRATA DE LOS *DUQUES*

Al otro día, al ponerse el sol, saliendo de un bosque, tendió don Quijote la vista por el verde prado y vio mucha gente. Conoció que eran cazadores. Entre ellos vio una hermosa señora. Creyó don Quijote que aquella hermosa señora era una gran dama y dijo a Sancho:

– Corre y di a aquella señora que yo, el Caballero de los Leones, beso las manos a su gran hermosura.

Partió Sancho, llegó donde la bella cazadora estaba, y puesto ante ella de hinojos dijo:

– Hermosa señora, aquel caballero, llamado de los Leones, es mi amo y yo soy su escudero Sancho Panza. El Caballero de los Leones me envía a decir a vuestra grandeza, sea servida de darle licencia para que venga a poner en obra su deseo de servir a vuestra hermosura.

– Levantáos del suelo – respondió la señora –; que escudero de tan gran caballero no es justo que esté de rodillas; y decid a vuestro señor que yo y el Duque, mi marido, le invitamos al castillo que aquí tenemos.

Sancho volvió a donde estaba su amo, a quien contó lo que la gran señora le había dicho.

La Duquesa hizo llamar a su marido, y los dos determinaron seguirle el humor a don Quijote, tratándole como a caballero andante los días que con ellos estuviese.

Llegó don Quijote y fue a ponerse de rodillas delante de los dos señores; pero el Duque no lo consintió de ninguna manera; antes, apeándose de su caballo, fue a abrazar a don Quijote.

– Valerosísimo príncipe – dijo éste –, ya yo me halle a

---

duque, duquesa, título de nobleza

pie o a caballo, siempre estaré al servicio vuestro y al de mi señora la Duquesa, señora de la hermosura universal y princesa de la cortesía.

– Cuidado, mi señor don Quijote de la Mancha – dijo el Duque –, que donde está mi señora doña Dulcinea del Toboso no es razón que se alaben otras hermosuras.

Subiendo don Quijote en Rocinante, y el Duque en un hermoso caballo, pusieron a la Duquesa en medio, y se dirigieron hacia el castillo.

Antes de que llegasen, se adelantó el Duque y dio orden a todos sus criados de cómo habían de tratar a don Quijote. Y así, apenas llegó con la Duquesa a las puertas del castillo, salieron de él dos *lacayos,* y cogiendo a don Quijote en brazos, le dijeron:

– Vaya vuestra grandeza a apear a mi señora la Duquesa.

Don Quijote lo hizo; pero la Duquesa no quiso descender sino en los brazos del Duque, diciendo que no se hallaba digna de dar a tan gran caballero tan inútil carga.

Criados y criadas de aquellos señores venían diciendo a grandes voces: «¡Bienvenido sea la flor de los caballeros andantes!» Llevaron a don Quijote a una sala, en la que seis doncellas le *desarmaron.* Llegaron doce *pajes* para llevarle a comer que ya los señores le esperaban.

Estaba puesta la rica mesa con cuatro servicios. La Duquesa y el Duque salieron a recibir a don Quijote, y con ellos salió un grave *eclesiástico* de esos que gobiernan

---

lacayo, criado vestido con un traje especial
desarmar, quitar las armas
paje, criado que antiguamente servía en las casas de los señores, encargado con las cosas relacionadas con la persona de éstos.
eclesiástico, sacerdote

las casas de los príncipes, y cogiendo a don Quijote en medio, se fueron a sentar a la mesa.

– ¿Por ventura – dijo el eclesiástico reparando en Sancho – sois vos, hermano, aquel Sancho Panza, a quien vuestro amo tiene prometida una ínsula?

– Sí soy – respondió Sancho –. Me he arrimado a buen señor, y hace muchos meses que ando en su compañía.

– Sancho amigo – dijo el Duque –, en nombre del señor don Quijote, os mando el gobierno de una ínsula que tengo de no poca calidad.

– Híncate de rodillas, Sancho – dijo don Quijote –, y besa los pies a su excelencia por el favor que te ha hecho.

Hízolo así Sancho con mucha gracia, de lo que recibió la Duquesa gran gusto, confirmándose en su opinión de que el escudero era más gracioso y loco que su amo.

Acabada la comida, anunciaron a don Quijote que al otro día irían de caza.

A la mañana siguiente dieron a don Quijote un vestido de monte y a Sancho otro verde, de purísimo paño, pero don Quijote no lo quiso, y vistióse con sus armas.

Llegaron a un bosque que entre altísimas montañas estaba; apeóse la Duquesa, y también el Duque y don Quijote, y pusiéronse a sus lados. Sancho se puso detrás de todos.

Al cabo de un rato, y seguido de los cazadores, vino hacia donde la Duquesa estaba un *jabalí;* al verle, puesta la mano en su espada, se adelantó a recibirlo don Quijo-

jabalí

te. Lo mismo hizo el Duque. Sólo Sancho echó a correr cuanto pudo.

Así se les pasó el resto del día y se les vino la noche, no tan clara como la razón y el tiempo pedía, que era la mitad del verano; pero esto ayudó mucho a la intención de los Duques. Así como comenzó a anochecer, pareció que todo el bosque ardía; luego se oyeron por todas partes instrumentos de guerra. Admiróse don Quijote y tembló Sancho Panza. Cerró más la noche y comenzaron a pasar por el bosque muchas luces, y el ruido de unos carros era tan confuso y tan horrible, que fue menester que don Quijote se valiese de todo su corazón para sufrirlo; pero el de Sancho vino a tierra, y dio con él desmayado en las faldas de la Duquesa, la cual mandó que le echasen agua en el rostro. Tiraban del carro cuatro perezososo bueyes, todos cubiertos de negro, y encima del carro venía un viejo con una barba más blanca que la misma nieve, y tan larga que le pasaba de la cintura. Se levantó, y, dando una gran voz, dijo:

– Yo soy el sabio Lirgandeo.

Tras éste vino otro carro, y otro viejo, con voz no menos grave dijo:

– Yo soy el sabio Alquife.

Luego llegó otro carro; pero el que venía sentado no era viejo como los demás, sino hombre fuerte, el cual dijo:

– Yo soy Arcalús, el encantador, enemigo mortal de Amadís de Gaula. Luego se oyó una suave y armoniosa música, y a su compás vieron que hacia ellos venía un carro triunfal donde iba sentada una *ninfa,* vestida de mil velos de tela de plata. Junto a ella venía una figura,

---

ninfa, mujer hermosa, divinidad de la naturaleza

cubierta la cabeza con un velo negro, que al quitarse el velo del rostro, descubrió ser la misma figura de la muerte. Esta muerte viva dijo:

– Yo soy Merlín, aquél que las historias
dicen que tuvo por padre al diablo,
. . .

A tí digo, valiente don Quijote,
de la Mancha *esplendor,* de España estrella,
que para recobrar su estado *primo*
la sin par Dulcinea del Toboso,
es menester que Sancho, tu escudero,
se dé tres mil *azotes* y trescientos
en ambas sus valientes *posaderas.*

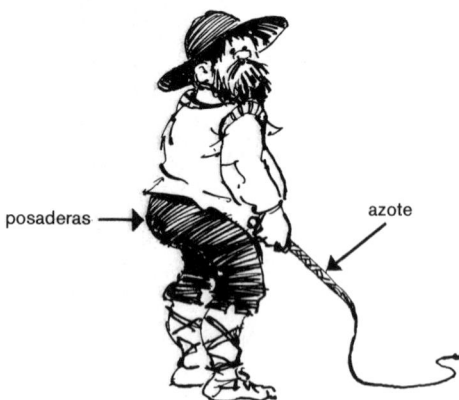

posaderas ⟶   azote

---

esplendor, brillo, honra
primo, primero
azote, golpe dado con el *azote*

– ¡Por Dios – dijo Sancho –, que si el señor Merlín no halla otra manera de *desencantar* a la señora Dulcinea del Toboso, encantada se podrá ir a la sepultura!

– Yo he de tomarte – dijo don Quijote – y atarte a un árbol, y no digo tres mil y trescientos, sino seis mil y seiscientos te daré. Y no me repliques palabra que te arranco el alma.

Oyendo lo cual Merlín dijo:

– No ha de ser así; porque los azotes que ha de recibir el buen Sancho han de ser por su voluntad y no por fuerza, y en el tiempo que él quisiere.

– Ea, Sancho – dijo la Duquesa –, buen ánimo; en correspondencia al pan que habéis comido del señor don Quijote, dad el sí a estos azotes.

– ¡Ea, pues! – dijo Sancho – yo consiento en mi mala ventura. Don Quijote se colgó del cuello de Sancho, dándole mil besos en la frente y en las mejillas.

Satisfechos los Duques de la caza y de haber conseguido su intención tan discreta y felizmente, se volvieron al castillo.

---

desencantar librar a alguien del poder y efectos de un encantamiento, acción y efectos de encantar

Preguntas

1. ¿Qué vio don Quijote al ponerse el sol?

2. ¿Cómo era la señora?

3. ¿Qué le ordenó don Quijote a Sancho?

4. ¿Cómo fueron recibidos en el castillo?

5. ¿Qué promete el Duque a Sancho? ¿Cómo se lo agradece éste?

6. ¿Le gusta a Sancho la proposición de Merlín para desencantar a Dulcinea?

7. ¿Cuál es su reacción?

8. ¿Cómo amenaza don Quijote a Sancho? ¿Es normal este tipo de reacción en don Quijote?

9. ¿Por qué reacciona don Quijote de este modo?

10. ¿Cómo le agradece don Quijote a Sancho su sacrificio?

QUE TRATA DE LA *DUEÑA DOLORIDA*

Preguntó la Duquesa a Sancho otro día si había comenzado la tarea que había de hacer para desencantar a Dulcinea. Dijo que sí, y que aquella noche se había dado cinco azotes. Preguntóle la Duquesa que con qué se los había dado, y respondióle que con la mano.

– El sabio Merlín – replicó la Duquesa – no estará contento con tanta blandura, porque no se ha de dar tan barata la libertad de tan gran señora como Dulcinea.

Con esto, se fueron a un jardín donde comieron. Después de levantados los manteles, se oyó una confusa y triste armonía. Estando todos en silencio, vieron entrar por el jardín unos hombres vestidos de *luto*. Seguía un personaje, cubierto el rostro con un velo negro.

Llegó ante el Duque y quitóse el velo del rostro diciendo con voz grave y sonora:

– Altísimo y poderosísimo señor, a mí me llaman Trifaldín, y soy escudero de la condesa Trifaldi, por otro nombre llamanda la Dueña Dolorida, que quiere saber si está en vuestro castillo el valeroso y jamás vencido caballero don Quijote de la Mancha.

Estuvo esperando la respuesta del Duque, que fue:

– Bien podéis decir que entre, que aquí está el valiente caballero.

Y volviéndose a don Quijote le dijo:

– En fin, famoso caballero, no pueden las *tinieblas* de

---

dueña, mujer de edad y de respeto
dolorida, que siente mucho dolor
luto ropa especial y signos exteriores de pena por la muerte de alguien. Hoy el color de luto en los paises de Europa es negro.
tinieblas, oscuridad

la maldad obscurecer la luz del valor y de la virtud. Digo esto porque apenas hace seis días que vuestra bondad está en este castillo, cuando ya os vienen a buscar de lejanas y apartadas tierras.

En esto, entraron los tristes músicos, a quienes seguían doce dueñas. Tras ellas, la condesa Trifaldi. El Duque, la Duquesa y don Quijote se pusieron en pie y se adelantaron a recibirla. Ella puestas las rodillas en el suelo, dijo:

– Confiada estoy, señor poderosísimo, hermosísima señora y discretísimos *circunstantes,* en que ha de hallar mi *cuitísima* en vuestros valerosísimos pechos *acogimiento.* Pero antes quisiera saber si está aquí el caballero don Quijote de la Manchísima y su escuderísimo Panza.

– El Panza – dijo Sancho – aquí está; y el don Quijotísimo también; y así podréis, dolorosísima dueñísima, decir lo que queráis; que todos estamos prontos a ser vuestros servidorísimos.

Reventaban de risa con estas cosas los Duques y alababan entre sí la *agudeza* de la Trifaldi, la cual dijo:

– Del famoso reino de Candaya fue señora la reina doña Maguncia, viuda del rey Archipiela, su señor y marido, de cuyo matrimonio tuvieron a la infanta Antonomasia. Enamoróse de ella un número infinito de príncipes, y entre ellos un caballero llamado Clavijo. Éste logró casarse secretamente con la Infanta. Cuando se conoció este matrimonio, fue tanto el disgusto de la reina doña Maguncia, que a los tres días la enterramos. Ape-

---

circunstantes, presentes
cuitísima, cuita, desgracia, pena. Nótese el empleo humorístico de todos estos superlativos, sobre todo, en la respuesta de Sancho.
acogimiento, acción de *acoger,* recibir, ayudar, proteger
agudeza, ingenio, inteligencia

nas la cubrimos con la tierra, apareció encima de la sepultura, puesto sobre un caballo de madera, el gigante Malambruno, hermano de Maguncia, cruel encantador, dejando a don Clavijo y a la Infanta encantados sobre la misma sepultura, con un cartel en el que está escrito: «No cobrarán ambos su primera forma hasta que el valeroso Manchego venga a las manos conmigo en singular batalla.» Finalmente, hizo traer ante sí a todas las dueñas del palacio, y dijo que no quería castigarnos sino con penas que nos diesen una muerte continua. Acudimos luego con las manos a los rostros y los hallamos de la manera que ahora veréis.

La Dolorida y las demás dueñas levantaron los velos y descubrieron sus rostros todos cubiertos de barbas.

– Si por el señor don Quijote no somos socorridas – prosiguió la Trifaldi –, con barbas nos llevarán a la sepultura.

– Ved, señora – dijo don Quijote –. qué es lo que tengo que hacer, que el ánimo está muy pronto para serviros.

– Es el caso – respondió la Dolorida – que desde aquí al reino de Candaya, si se va por tierra, hay cinco mil leguas; pero si se va por el aire y en línea recta hay sólo tres mil. Malambruno me dijo que él enviará un caballo de madera que se *rige* por una *clavija,* que le sirve de *freno,* y vuela por el aire con tanta ligereza, que parece que los mismos diablos lo llevan.

– ¿Y cuántos caben en ese caballo? – preguntó Sancho.

---

regir conducir, guiar
clavija, ver ilustración en página 62
freno, ver ilustración en página 36

clavija

La Dolorida respondió:

– Dos personas; éstas han de ser caballero y escudero.

– Querría yo saber, señora Dolorida – dijo Sancho –, qué nombre tiene ese caballo.

– Se llama Clavileño, cuyo nombre le viene de ser él de *leño* y de la clavija que trae.

Llegó en esto la noche, y entraron por el jardín cuatro hombres que llevaban sobre los hombros un gran caba-

---

leño, trozo de árbol cortado y limpio de ramas

llo de madera. Pusiéronlo en el suelo y uno de los hombres dijo:

– Súbase a este caballo el caballero que tenga ánimo para ello, y cúbrase los ojos para evitar *mareos*.

– Aquí – dijo Sancho – yo no subo, porque ni tengo ánimo ni soy caballero.

Parecióle a don Quijote que cualquier cosa que replicase sería poner en duda su valentía, y así, subió sobre Clavileño y se *vendó* los ojos.

Sancho subió de mala gana, y diciendo adiós se dejó vendar los ojos.

Sintiendo don Quijote que estaban como debían de estar, cogió la clavija, y, apenas había puesto los dedos en ella, los presentes levantaron las voces diciendo:

– ¡Dios te guíe, valeroso caballero!

– ¡Dios sea contigo, escudero valiente!

– ¡Ya, ya váis por los aires!

– ¡Valeroso Sancho, mira no caigas!

Oyó Sancho las voces, y apretándose contra su amo, le dijo:

– Señor ¿cómo dicen éstos que vamos tan altos, si alcanzan acá sus voces y no parece sino que están hablando junto a nosotros?

– No pienses en eso, Sancho; que como estas cosas van fuera de los caminos ordinarios, desde mil leguas oirás y verás lo que quieras. Y no me aprietes tanto que me *derribas;* y no sé de qué te turbas y espantas, que en todos

---

mareos, molestia que se siente en la cabeza y en el estómago, se experimenta en los viajes, sobre todo

vendar, envolver algo con un trozo de tela largo y estrecho *(= venda)*

derribar, hacer caer al suelo a una persona o una cosa

los días de mi vida he subido a un caballo de paso más llano; no parece sino que no nos movemos de un lugar.

Todas estas razones de los dos valientes las estaban oyendo el Duque y la Duquesa y los que estaban en el jardín. De lo que oían recibían extraordinario contento. Queriendo acabar la bien fabricada aventura, *pegaron fuego* a Clavileño, que voló por los aires con extraño ruido y dio con Don Quijote y Sancho en el suelo, medio quemados.

En este timpo las dueñas, con la Trifaldi y los del jardín quedaron como desmayados, tendidos por el suelo. Se levantaron don Quijote y Sancho Panza y quedaron admirados de verse en el mismo jardín de donde habían partido; creció más su admiración cuando vieron en un *pergamino* escrito lo siguiente:

«El *ínclito* caballero don Quijote de la Mancha acabó la aventura de la condesa Trifaldi, por otro nombre llamada Dueña Dolorida.»

Don Quijote, habiendo leido las letras, se fue a donde el Duque y la Duquesa, que aún no habían vuelto en sí de su desmayo y le dijo al Duque:

– ¡Ea, señor, buen ánimo! La aventura está ya acabada, como lo muestra claro el escrito.

Preguntó la Duquesa a Sancho cómo le había ido en aquel largo viaje, a lo cual Sancho respondió:

– Yo, señora, sentí que íbamos volando por la región del fuego; y yo, sin que nadie lo viese, por junto a las narices aparté el pañuelo que me tapaba los ojos, y por allí miré hacia la tierra, y me pareció que los hombres que

---

pegar fuego, prendrer fuego
pergamino, piel de ciertos animales que, preparada, servía para ecribir en ella
ínclito, ilustre

andaban sobre ella eran poco mayores que *avellanas*.

No quisieron preguntarle más de su viaje, porque les pareció que Sancho llevaba intención de pasearse por todos los cielos y dar noticia de cuanto allá pasaba, sin haberse movido del jardín.

avellana

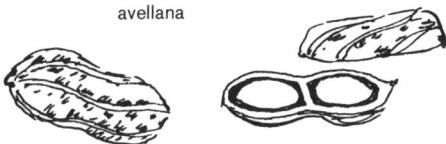

Preguntas

1. ¿Quién era Trifaldín? ¿Quién era la condesa Trifaldi?

2. ¿Quién era Clavileño?

3. ¿Está de acuerdo con la explicación de la Trifaldi?

4. ¿Cómo interpreta usted esta aventura de don Quijote?

5. ¿Qué razones dio Sancho para no montar en Clavileño?

6. ¿Cómo termina la aventura de Clavileño?

QUE TRATA DE LOS CONSEJOS QUE DIO DON QUIJOTE A SANCHO ANTES DE QUE FUESE A GOBERNAR LA ÍNSULA Y TRATA TAMBIÉN DEL GOBIERNO DE SANCHO EN ELLA

Los Duques decidieron pasar adelante con las burlas; y así, habiendo dado a sus criados las órdenes de lo que habían de hacer con Sancho en el gobierno de la ínsula prometida, dijo el Duque a Sancho que se prepararse para ir a ser gobernador.

– Venga esa ínsula – respondió Sancho –, que yo procuraré ser buen gobernador. No por *codicia,* sino por el deseo que tengo de probar a qué sabe ser gobernador.

– Si una vez lo probáis, Sancho – dijo el Duque –, os gustará, por ser cosa muy dulce el mandar y ser obedecido.

– Señor – replicó Sancho –, yo imagino que es bueno mandar, aunque sea un *hato de ganado.*

– Sabéis de todo, Sancho – respondió el Duque –; yo espero que seréis tal gobernador como vuestro juicio promete; advertid que mañana habéis de ir al gobierno de la Ínsula; esta tarde os *proveerán* del traje conveniente.

– Vístanme – dijo Sancho – como quieran, que de cualquier manera que vaya vestido, seré Sancho Panza.

– Así es verdad – dijo el Duque –; pero los trajes se han de acomodar con el oficio o dignidad que se profesa.

En esto llegó don Quijote, y con licencia del Duque

---

codicia, deseo de riqueza
hato de ganado, porción o conjunto de animales
proveer, dar

tomó a Sancho por la mano y se fue con él a su *aposento,* con la intención de aconsejarle.

Con reposada voz, le dijo:

– Infinitas gracias doy al cielo, Sancho amigo, de que antes de que yo haya encontrado alguna buena dicha te haya salido a recibir la buena ventura. Primeramente ¡oh hijo!, has de temer a Dios, porque en el temerlo está la sabiduría, y siendo sabio no podrás errar en nada. Lo segundo, has de poner los ojos en quien eres, procurando conocerte a ti mismo, que es el más difícil conocimiento que puede imaginarse. No te dé vergüenza de decir que vienes de labradores; y *préciate* más de ser humilde virtuoso que pecador *soberbio.* Si trajeras a tu mujer contigo, enséñala; porque todo lo que suele adquirir un gobernador discreto suele perder una mujer tonta. Hallen en tí más compasión las lágrimas del pobre, pero no más justicia, que las influencias del rico. Procura descubrir la verdad tanto por entre las promesas del rico como por entre los llantos del pobre.

Si estas reglas sigues, Sancho, tu fama será eterna, vivirás en paz, y te alcanzará la muerte en vejez suave.

Sancho le escuchaba muy atento y procuraba conservar en la memoria los consejos de don Quijote. Prosiguió don Quijote y dijo:

– En lo que toca a cómo has de gobernar tu persona y casa, Sancho, lo primero que te encargo es que seas limpio y que te cortes las uñas, sin dejarlas crecer como algunos hacen. No comas *ajos* ni *cebollas,* porque no saquen por tu olor tu *villanería.*

---

aposento, cuarto, haitación
preciarse de, estar contento de, estar orgulloso de
soberbio, no humilde
villanería, condición propia de villano (= labrador)

Anda despacio; habla con reposo; come poco y cena menos; sé templado en el beber, considerando que demasiado vino no guarda secreto ni cumple palabra. Sé *moderado* en tu sueño y advierte, ¡oh Sancho!, que la diligencia es madre de la buena ventura, y la pereza jamás llegó al término que pide un buen deseo.

– Señor – respondió Sancho –, bien veo que todo cuanto vuestra merced me ha dicho son cosas buenas, santas y provechosas; pero ¿de qué me han de servir si de ninguna me acuerdo? Será menester que se me den por escrito; que aunque no sé leer ni escribir, yo se las daré a mi *confesor* para que me las lea cuando sea necesario.

– ¡Ah, pecador de mí – respondió don Quijote –, y qué mal parece en los gobernadores el no saber leer ni escribir!

– Señor – replicó Sancho –, si a vuestra merced le parece que no soy para este gobierno, desde aquí lo suelto. Y si se imagina que por ser gobernador me ha de llevar el diablo, más me quiero ir Sancho al cielo que gobernador al infierno.

– Por Dios, Sancho – dijo don Quijote –, que por sólo esto último que has dicho juzgo que mereces ser gobernador de mil ínsulas: buen natural tienes, sin el cual no

ajo

cebolla

---

moderado, con medida
confesor, ministro de la iglesia que puede perdonar los pecados a quienes se los dicen (confiesan) en confesión, acción de decir los pecados al sacerdote

hay ciencia que valga. Y vámonos a comer; que creo que ya estos señores nos aguardan.

En acabando de comer, escribió don Quijote los anteriores consejos y se los dio a Sancho para que buscase quien se los leyese. Los Duques, llevando adelante sus burlas, aquella tarde enviaron a Sancho a un lugar de hasta mil vecinos. Diéronle a entender que se llamaba la Ínsula Barataria.

Al llegar a las puertas de la *villa,* salió el pueblo a recibirle; tocaron las campanas de la iglesia en señal de alegría y todos los vecinos dieron muestras de general alegría. Luego le entregaron las llaves del pueblo, le lleva-

vara

---

villa, pueblo

ron a la silla del *juzgado* y le sentaron en ella, y el *Mayordomo* del Duque dijo:

– Es costumbre antigua en esta Ínsula, señor Gobernador, que el que viene a tomar posesión de ella esté obligado a responder a una pregunta difícil.

– Pase adelante con su pregunta, señor Mayordomo – dijo Sancho –; que yo le responderé lo mejor que sepa.

En este instante entraron dos hombres, y el uno iba vestido de labrador y el otro de sastre. Éste dijo:

– Señor Gobernador, este buen hombre llegó a mi tienda ayer y, poniéndome un pedazo de paño en las manos, me preguntó: «Señor ¿habría con este paño para hacerme una *caperuza?*» Yo, calculando el paño, le respondí que sí; y él me replicó que mirase si habría para dos; adivinéle el pensamiento y le dije que sí; llegamos así a cinco caperuzas, y ahora acaba de venir por ellas: yo se las doy, y no me quiere pagar la *hechura*.

– ¿Es todo esto así, hermano? – preguntó Sancho.

– Sí, señor – respondió el hombre –; pero hágale vuestra merced que muestre las cinco caperuzas que ha hecho.

– De buena gana – respondió el sastre.

Y sacando la mano, mostró en ellas cinco caperuzas puestas en las cinco cabezas de los dedos de la mano y dijo:

– He aquí las cinco caperuzas que este buen hombre me pide.

---

juzgado, lugar donde el juez desempeña su cargo
mayordomo, criado principal
caperuza, ver ilustración en página 72
hechura, acción y efecto de hacer; lo que se paga por hacer una prenda de vestir

Sancho se puso a pensar y después de un momento dijo:

– Yo doy por sentencia que el sastre pierda sus hechuras y el labrador el paño, y las caperuzas se lleven a los presos de la cárcel.

Quedaron todos admirados, teniendo a su Gobernador por un nuevo Salomón.

caperuza

Preguntas

1. ¿Cuáles fueron los consejos que don Quijote dio a Sancho?

2. ¿Cómo era la Ínsula? ¿Cómo fue recibido Sancho en el pueblo?

3. ¿Qué asunto es el primero que tiene que resolver?

4. ¿Qué quería el labrador?

5. ¿Qué hizo el sastre?

6. ¿Considera usted acertada la sentencia de Sancho?

7. ¿Cómo habría resuelto usted el problema?

QUE TRATA TAMBIÉN DE SANCHO Y DEL GOBIERNO DE LA ÍNSULA

Cuenta la historia que desde el juzgado llevaron a Sancho a un palacio, donde en una gran sala estaba puesta una real y limpísima mesa. Así como Sancho entró en la sala, sonó una música y salieron a recibirle cuatro pajes y le ofrecieron agua para que se lavase las manos. Sancho se sentó a la cabecera de la mesa y a su lado se puso, en pie, un personaje, que después mostró ser médico, con una *varilla* en la mano. Levantaron un rico y blanco paño con que estaban cubiertas las frutas y muchos platos de diversos *manjares*. Uno que parecía estudiante bendijo la mesa, y un paje le puso al Gobernador un plato de fruta delante. Apenas hubo comido un bocado, cuando el médico tocó el plato con la varilla y se lo quitaron de delante con una rapidez nunca vista. Iba a probar Sancho otro plato, pero un paje lo retiró con tanta *presteza* como el de la fruta. Visto lo cual por Sancho, quedó suspenso, y mirando a todos, preguntó si aquello era comida o juego. A lo cual el de la varilla respondió:

– Yo, señor, soy médico de los gobernadores de esta ínsula. Lo principal que hago es asistir a las comidas y cenas de los gobernadores, dejándoles comer lo que me parece que les conviene y quitándoles lo que me imagino que les ha de hacer daño.

– Si esto es así – dijo Sancho –, vea el señor Doctor de cuantos manjares hay en esta mesa cuál me hará más

---

varilla, vara delgada, especie de palo muy fino
manjares, lo que se puede comer
presteza, diligencia, rapidez

provecho y cuál menos daño, y déjeme comer de él, porque me muero de hambre.

– Señor Gobernador – respondió el Médico –. es de mi parecer que vuestra merced no coma nada de ninguno de ellos, por ser manjares que pueden dañar su salud.

Oyendo esto Sancho, miró al Médico, y con voz grave le preguntó cómo se llamaba y dónde había estudiado. A lo que él respondió:

– Yo, señor Gobernador, me llamo doctor Pedro Recio de *Agüero* y tengo el grado de doctor por la Universidad de *Osuna*.

Sancho respondió lleno de cólera:

– Pues, señor doctor Pedro Recio de *mal agüero,* quítese de delante de mí y vuelvo a decirle que se vaya, si no, tomaré esta silla donde estoy sentado y se la romperé en la cabeza.

En este momento el Mayordomo entró diciendo:

– Correo viene del Duque, mi señor; debe traer algún recado de importancia.

Entró el correo sudando, y sacando un escrito, lo puso en las manos del Gobernador. El secretario leyó la carta que decía así: «A mi noticia ha llegado, señor don Sancho Panza, que unos *enemigos* míos y de esa Ínsula irán ahí por sorpresa no sé qué noche; conviene velar. Sé también que han entrado en el lugar cuatro personas para quitaros la vida, porque temen vuestro ingenio: abrid el ojo y no comáis de cosa que os presenten. Yo tendré cui-

---

Osuna (Sevilla) una de las universidades menores, fundada en 1548
Agüero/mal agüero, juego de palabras entre el apellido del médico y el valor del sustantivo *agüero,* señal de cosa futura mala o buena
enemigo, no amigo

dado de socorreros si os viereis en *trabajo.* Vuestro amigo, El Duque.»

Sancho quedó *atónito* y dijo:

– Lo que ahora se ha de hacer es meter en la cárcel al doctor Recio, porque si alguno me ha de matar, ha de ser él, y de la muerte peor, que es la del hambre. Y por ahora denme un pedazo de pan y unas *uvas,* porque no puedo

uvas

pasar sin comer, y si hemos de estar preparados para estas batallas, menester será haber comido. Y vos, Secretario, responded al Duque, mi señor y decidle que se cumplirá lo que manda como lo manda. Y también podéis escribir un saludo a don Quijote de la Mancha.

---

trabajo, dificultad, peligro
atónito, maravillado, suspenso

76

Por la noche cenó el Gobernador con permiso del doctor Recio. Luego salió Sancho con el Mayordomo, el Secretario y otros acompañantes en número que podían formar un mediano *escuadrón*. Iba Sancho en medio, con su *vara*, que no había más que ver. En esto llegó un soldado que traía a un mozo y dijo:

– Señor Gobernador, este joven venía hacia nosotros, y apenas vio de lejos a la justicia, volvió las espaldas y comenzó a correr.

– ¿Por qué huías, hombre? – preguntó Sancho.

– Señor, por no responder a muchas preguntas que la justicia hace.

– ¿Qué oficio tienes?

– *Tejedor.*

– ¿A dónde ibas ahora?

– Señor, a tomar el aire.

– ¿Y dónde se toma el aire en esta ínsula?

– Donde sopla.

– ¡Bueno!: respondes muy a propósito, se ve que eres discreto. Pero haz cuenta de que yo soy el aire y que soplo sobre ti y te pongo camino de la cárcel. Llevadle, que yo haré que duerma allí sin aire esta noche.

– Por Dios – dijo el mozo – así me hará vuestra merced dormir en la cárcel como hacerme rey.

– ¿Pues por qué no te haré yo dormir en la cárcel? – respondió Sancho –, ¿No tengo yo poder para prenderte y soltarte cuando quiera?

– Por más poder que vuestra merced tenga – dijo el

---

escuadrón, fig. cierto número de soldados a la orden de otro
vara, ver ilustración en página 70
tejedor, que *teje,* hace telas que luego se emplean para los vestidos o piezas de adorno

mozo –, no será bastante para hacerme dormir en la cárcel.

– ¿Cómo que no? – replicó Sancho.

– Todo esto es cosa de risa – respondió el mozo; el caso es que no me harán dormir esta noche en la cárcel cuantos hoy viven.

– Dime, demonio – dijo Sancho –, ¿tienes algún ángel que de allí te saque?

– Señor Gobernador – respondió el mozo –; suponga vuestra merced que me manda llevar a la cárcel; si yo quiero no dormir y estarme despierto toda la noche, ¿podrá vuestra merced hacerme dormir, si yo no quiero?

– ¿De modo – dijo Sancho – que no dejarás de dormir por otra cosa que por tu voluntad, y no por *contravenir* la mía?

– No, señor – dijo el mozo.

– Pues anda con Dios – dijo Sancho: vete a dormir a tu casa, y Dios te dé buen sueño, que yo no quiero quitártelo.

Fuése el mozo y el Gobernador prosiguió su camino.

---

contravenir, obrar en contra de lo que está mandado

Preguntas

1. ¿Por qué no pudo comer Sancho de lo que había sobre la mesa?

2. ¿Cómo discute Sancho con el médico?

3. ¿Qué decía la carta del Duque?

4. ¿Qué pidió Sancho para no morir de hambre?

5. ¿A quién encontró por la calle?

6. ¿A dónde iba el mozo?

7. ¿Qué quiere decir «hacer dormir» para Sancho y qué para el mozo?

8. ¿Cómo responde el mozo a las preguntas de Sancho?

9. ¿Por qué Sancho lo deja en libertad?

QUE TRATA DEL FIN DEL GOBIERNO
DE SANCHO

Estando Sancho la séptima noche de los días de su gobierno en la cama, oyó tan gran ruido de campanas y de
voces que parecía que toda la Ínsula se hundía. Levan-
tándose y sin ponerse otra ropa, que la que tenía para
dormir, salió a la puerta de su aposento, al tiempo que
venían por los *corredores* más de veinte personas gritando
todas a grandes voces:

– ¡*Alarma*, alarma, señor Gobernador! ¡Alarma, que
han entrado infinitos enemigos en la Ínsula!

Con este ruido llegaron donde Sancho estaba y uno le
dijo:

– ¡Ármese enseguida vuestra señoría, si no quiere per-
derse y que toda la Ínsula se pierda!

– ¿Con qué me tengo que armar? – respondió Sancho. Estas cosas mejor será dejarlas para mi amo don
Quijote.

– ¡Ah, señor Gobernador! – dijo otro – Ármese vuestra merced y salga y sea nuestro guía y capitán.

– Ármenme, pues – replicó Sancho.

Al momento le trajeron dos *paveses* y le pusieron encima de la camisa, sin dejarle tomar otro vestido, un pavés
delante y otro detrás y por unos huecos que traían hechos le sacaron los brazos y le ataron muy bien con unas
cuerdas, de modo que quedó derecho, sin poder doblar
las rodillas ni moverse un solo paso. Pusiéronle en las
manos una vara a la cual se arrimó para poderse tener

---

corredores, pasillos
alarma, al arma, voz o señal con que se avisa un peligro

pavés

en pie. Cuando así le tuvieron, le dijeron que caminase y los guiase.

– ¿Cómo tengo que caminar, triste de mí? – respondió Sancho – si no puedo, porque me lo impiden estas tablas que tan cosidas tengo a mis carnes?

– Ande, señor Gobernador – dijo otro –; que más el miedo que las tablas le impiden el paso.

Probó el pobre Gobernador a moverse, y fue a dar en el suelo tan gran golpe, que pensó que se había hecho pedazos. Y no por verle caido aquella gente burladora le tuvo compasión alguna.

Unos tropezaban con él, otros caían, y hubo uno que hasta se puso encima del pobre Sancho un buen rato y desde allí gobernaba a grandes voces los ejércitos.

Sancho que lo escuchaba todo se decía a sí mismo:

– «¡Oh, si Dios quisiese que se acabase ya de perder esta ínsula, y me viese yo muerto, fuera de esta grande angustia!»

El cielo escuchó su petición, y Sancho oyó voces que decían:

– ¡Victoria, victoria! Ea, señor Gobernador, levántese y venga a gozar del triunfo.

– Levántenme – dijo Sancho con voz triste.

Ayudáronle a levantar, y puesto en pie, dijo:

– El enemigo que yo haya vencido que me lo claven en la frente. Yo quiero pedir y suplicar a algún amigo, si es que lo tengo, que me dé un trago de vino, que me seco.

Trajéronle el vino, desatáronle los paveses, sentóse sobre su lecho, y desmayóse del temor, y del trabajo. Vuelto en sí, preguntó qué hora era. Respondiéronle que ya amanecía. Sin decir otra cosa, comenzó a vestirse. Se fue a la *caballeriza,* siguiéronle todos los que allí estaban, y llegándose junto a su asno, le abrazó y le dio un beso de paz en la frente. No sin lágrimas en los ojos, le dijo:

– Ven acá, compañero mío de trabajos y miserias: cuando yo no tenía otros pensamientos que los que me daban los cuidados de sustentar tu cuerpo, dichosas eran mis horas, mis días y mis años; pero después que te dejé y me subí sobre las torres de la soberbia, se me han entrado en el alma mil miserias y mil trabajos.

Y dirigiendo sus palabras al Mayordomo, al Secretario y a otros muchos que allí estaban presentes, dijo:

– Abrid camino, señores míos, y dejadme volver a mi

---

caballeriza, lugar destinado para los caballos y animales de carga

antigua libertad: dejadme que vaya a buscar la vida pasada. Yo no nací para ser gobernador, ni para defender ínsulas ni ciudades. Digan al Duque, mi señor, que desnudo nací, desnudo me hallo: ni pierdo, ni gano; sin *blanca* entré en el gobierno, y sin blanca salgo de él.

Sancho, entre alegre y triste, los abrazó a todos y los dejó admirados de su determinación.

A media legua del castillo del Duque le sorprendió la noche, y así se apartó del camino con intención de esperar la mañana. Quiso su mala suerte que él y su asno cayeran en una honda y oscurísima *sima.* Habiendo pasado toda aquella noche en quejas y lamentaciones, vino el día, con cuya claridad Sancho vio que era completamente imposible salir de aquel pozo sin ser ayudado.

En esto descubrió al lado de la sima un agujero y Sancho Panza entró por él. Volvió a salir y con una piedra comenzó a agrandar el agujero de modo que pudiese entrar el asno. A veces iba a oscuras, muchas veces sin luz, pero ninguna vez sin miedo.

«¡Válgame Dios! – decía –. Ésta, que para mí es desgracia, fuera mejor para aventura de mi amo don Quijote.»

Don Quijote, saliendo de mañana a pasear, llegó junto a la sima y miró aquella *hondura;* y estando mirándola, oyó grandes voces dentro. Escuchando atentamente, pudo percibir que el que las daba decía: « ¡Ah, de arriba! ¿Hay algún cristiano que me escuche o algún caballero que se duela de un desdichado gobernador?»

Parecióle a don Quijote que la voz que oía era la de su

---

blanca, moneda antigua española, de poco valor
sima, agujero grande y profundo en la tierra
hondura, profundidad

escudero Sancho, de lo que se quedó muy admirado y suspenso y dijo:

– ¿Quién está allá abajo? ¿Quién se queja?

– ¿Quién puede estar aquí y quién se ha de quejar sino Sancho Panza, escudero del famoso caballero don Quijote de la Mancha?

– Espérame – dijo don Quijote –, iré al castillo del Duque y traeré quien te saque de esta sima.

– Vaya vuestra merced – dijo Sancho – y vuelva pronto, por Dios.

Dejóle don Quijote, y fue al castillo a contar a los Duques el suceso de Sancho Panza. Llevaron *sogas* y a costa de mucha gente y de mucho trabajo, sacaron al asno y a Sancho Panza de la sima.

Llegaron al castillo, y Sancho subió a ver a sus señores, ante los cuales, puesto de rodillas dijo:

soga, cuerda gruesa

– Yo, señores, porque lo quiso así vuestra grandeza, fui a gobernar vuestra Ínsula Barataria. En este tiempo yo he visto las obligaciones que trae consigo el gobernar, y he hallado por mi cuenta que no las podrán llevar mis hombros. Ayer mañana dejé la Ínsula como la hallé: con las mismas calles y casas que tenía cuando entré en ella. Así que, mis señores Duque y Duquesa, aquí está vuestro gobernador Sancho Panza, que besando a vuestras mercedes los pies, salta del gobierno al servicio de su señor don Quijote.

El Duque y la Duquesa le dijeron que les pesaba mucho que hubiese dejado tan pronto el gobierno. El Duque le abrazó y también lo hizo la Duquesa y la Duquesa mandó a sus criados que lo cuidaran porque daba señales de venir muy mal tratado.

Preguntas

1. ¿Qué ocurrió la séptima noche del gobierno de Sancho?

2. ¿Quiénes se acercaban corriendo? ¿Qué querían?

3. ¿Cómo vistieron a Sancho para salir a defender la Ínsula?

4. ¿Por qué decide Sancho abandonar el Gobierno de la Ínsula?

5. ¿Qué le dice a su asno?

6. Al salir de la Ínsula ¿hacia dónde se dirigió Sancho?

7. ¿Qué le pasó a Sancho y a su asno en el camino hacia el castillo de los Duques?

8. ¿Quiénes ayudaron a Sancho a salir de la sima?

9. ¿Cómo da cuenta Sancho de su gobierno?

DONDE SE ENCUENTRA EL EXTRAORDINARIO SUCESO, QUE SE PUEDE TENER POR AVENTURA, QUE LE ACONTECIÓ A DON QUIJOTE CUANDO SALIÓ DEL CASTILLO DE LOS DUQUES

Le pareció a don Quijote que la falta que cometía era grande, estando encerrado y perezoso entre tantos regalos que como a caballero andante le hacían aquellos señores. Y así, un día pidió licencia a los Duques para partir.

Una mañana se presentó en la plaza del castillo. Toda la gente del castillo le miraba desde los corredores, y también salieron a verle los Duques. Estaba Sancho contentísimo porque el Mayordomo le había dado una bolsa con doscientos escudos de oro. Inclinó la cabeza don Quijote, y saludando a los Duques, seguido de Sancho, salió del castillo camino de Zaragoza.

Cuando don Quijote se vio en el campo, volvióse hacia Sancho y le dijo:

– La libertad, Sancho, es uno de los más preciosos *dones* que los cielos le dieron a los hombres; por la libertad, así como por la honra, se puede y se debe aventurar la vida. ¡Venturoso aquel a quien el cielo dio un pedazo de pan, sin que le quede obligación de agradecerlo a otro que al cielo!

Así iban los andantes caballero y escudero, cuando vieron una fuente clara y limpia entre una fresca *arboleda.* Los dos se sentaron al borde de aquella clara fuente y

---

don, regalo
arboleda, lugar donde hay muchos árboles

Sancho comenzó a *devorar* un trozo de pan y un trozo de queso.

– Come, Sancho amigo – dijo don Quijote –; sustenta la vida, que más que a mí te importa. Yo, Sancho, nací para vivir muriendo, y tú para morir comiendo. Mi pena me quita la gana de comer, de manera que pienso dejarme morir de hambre.

– Sepa, señor – dijo Sancho –, que no hay mayor locura que querer desesperarse como vuestra merced.

– Si tú, ¡oh Sancho! – díjole don Quijote –, quisieses hacer por mí lo que yo ahora te diré, no serían mis penas tan grandes; y es que mientras yo duermo, te des trescientos o cuatrocientos azotes para desencantamiento de Dulcinea.

– Ahora durmamos ambos – dijo Sancho –, y después Dios dirá. Tenga paciencia mi señora Dulcinea.

Don Quijote comió algo, y ambos se echaron a dormir. Despertáronse algo tarde y volvieron a seguir su camino. Llegaron a una venta y Sancho dio particulares gracias al cielo de que a su amo no le hubiera parecido castillo. Llegada la hora, se sentaron a cenar. En un aposento que estaba junto al suyo, oyó don Quijote que decían:

– Bueno será, señor don Jerónimo, que *en tanto que* traen la cena, leamos otro capítulo de la segunda parte de «Don Quijote de la Mancha».

Apenas oyó su nombre don Quijote, se puso en pie, y escuchó lo que de él trataban.

El tal don Jerónimo respondió:

– ¿Para qué quiere vuestra merced, señor don Juan,

---

devorar, comer con mucho apetito
en tanto que, entre tanto, mientras

que leamos esos disparates, si el que haya leído la primera parte de la historia de don Quijote de la Mancha no es posible que pueda tener gusto de leer esta segunda?

– Con todo eso – dijo don Juan –, estará bien leerla. Lo que a mí en ésta más me disgusta es que pintan a don Quijote ya olvidado de Dulcinea del Toboso.

Oyendo lo cual don Quijote, lleno de ira, alzó la voz y dijo:

– A quien diga que don Quijote de la Mancha ha olvidado, ni puede olvidar, a Dulcinea del Toboso, yo le haré entender con armas iguales que va muy lejos de la verdad.

– ¿Quién es el que nos responde? – preguntaron desde el otro aposento.

– ¿Quién ha de ser – respondió Sancho –, sino el mismo don Quijote de la Mancha?

Apenas hubo dicho esto Sancho, entraron por la puerta de su aposento dos caballeros, y uno de ellos le dijo:

– Sin duda, señor, sois el verdadero don Quijote de la Mancha, norte de la andante caballería, a pesar de que han querido *usurpar* vuestro nombre, como lo ha hecho el autor de este libro que aquí os entrego.

Don Quijote tomó el libro en sus manos y al poco rato se lo devolvió diciendo:

– Este autor se desvía de la verdad en lo más principal de la historia, porque allí dice que la mujer de Sancho Panza se llama Mari Gutiérrez; no se llama tal sino Teresa Panza.

A esto dijo Sancho:

– ¡Gracioso historiador! Vuelva a tomar el libro, se-

---

usurpar, tomar algo en propiedad de una manera que no es justa

ñor, y mire si ando yo por ahí y si me ha mudado de nombre.

– Este autor moderno – dijo don Jerónimo – no os trata con la limpieza que en vuestra persona se muestra. Pues os pinta *comedor,* simple y nada gracioso.

– Créanme vuestras mercedes – dijo Sancho – que el don Quijote y el Sancho de esas historias no somos nosotros.

– Vuestras mercedes me den licencia, pues ya es hora de retirarme – dijo don Quijote –, y me tengan y pongan en el número de sus mayores amigos y servidores.

Don Quijote y Sancho se retiraron a su aposento, dejando a don Juan y a don Jerónimo admirados de ver la mezcla de locura y discreción que había en don Quijote y en Sancho.

---

comedor, que come mucho

Preguntas

1. ¿Por qué decidió don Quijote abandonar el castillo de los Duques?

2. ¿Está contento don Quijote de su libertad?

3. ¿Qué le pidió don Quijote a Sancho?

4. ¿Por qué está triste don Quijote?

5. ¿Qué oyeron decir don Quijote y Sancho mientras estaban cenando en la venta?

6. ¿De qué les dieron noticia don Jerónimo y don Juan?

7. ¿Qué piensan respectivamente el caballero y el escudero de estas noticias?

8. ¿Y usted?

QUE TRATA DE LO QUE LE SUCEDIÓ A
DON QUIJOTE CUANDO IBA A BARCELONA Y
DEL CABALLERO DE LA BLANCA LUNA

Era fresca la mañana en que don Quijote salió de la venta, informándose primero de cuál era el camino más corto para ir a *Barcelona.*

En más de seis días no les sucedió cosa digna de mención. Pero después de ellos, un día, al amanecer, alzaron los ojos y vieron a más de cuarenta *bandoleros* que les rodearon, diciéndoles que estuviesen quietos hasta que llegase su capitán.

Llegó el capitán, el cual mostró ser de hasta edad de treinta y cuatro años, *robusto,* de más de mediana proporción, de mirada grave y color moreno. Acercándose a don Quijote le dijo:

– No estéis tan triste, buen hombre, que habéis caído en las manos de *Roque Guinart,* que las tiene más compasivas que *rigurosas.*

– No es mi tristeza – respondió don Quijote – por haber caído en tu poder, sino por haber sido tal mi descuido que me hayan cogido tus soldados desarmado, estando yo obligado, según la orden de la andante caballería, que profeso, a vivir continuamente *alerta.* Que si me hallaran sobre mi caballo, no les fuera muy fácil vencerme,

---

Barcelona, ver mapa en página 7
bandolero, ladrón de los caminos
robusto, fuerte
Roque Guinart, bandolero famoso que en 1610 estaba al mando de doscientos hombres
riguroso, no compasivo, severo
alerta, con cuidado y continua atención

que yo soy don Quijote de la Mancha, aquel que de sus hazañas tiene lleno todo el orbe.

Roque Guinart reconoció que la enfermedad de don Quijote tocaba más en locura que en valentía. Apartóse, y escribió una carta a un amigo de Barcelona, dándole aviso de cómo estaba con él el famoso don Quijote de la Mancha, y que *de allí a* cuatro días llegaría a la ciudad. Envió esta carta con uno de sus hombres, que cambió el traje de bandolero por el de labrador.

Tres días y tres noches estuvo don Quijote con Roque Guinart, y luego, guiados él y Sancho por el capitán y acompañados por seis bandoleros, llegaron a la playa de Barcelona.

Cuando amaneció, tendieron don Quijote y Sancho la vista por todas partes: vieron el mar, hasta entonces no visto por ellos; parecióles *espaciosísimo* y largo. En esto, llegaron muchos hombres corriendo adonde don Quijote estaba, y uno de ellos le dijo en alta voz:

– Bienvenido sea a nuestra ciudad el espejo, estrella y norte de toda la caballería andante.

Sancho estaba muy contento, por parecerle que había hallado, sin saber cómo otras bodas de Camacho.

Una mañana, saliendo don Quijote a pasear por la playa, armado con todas sus armas, vio venir hacia él un caballero, armado también, que en el escudo llevaba pintada una luna resplandeciente. El caballero le dijo a don Quijote en voz altísima:

– Insigne caballero don Quijote de la Mancha, yo soy el Caballero de la Blanca Luna; vengo a probar la fuerza de tus brazos y a hacerte confesar que mi dama es más

---

de allí a, dentro de
espaciosísimo, muy ancho

hermosa que Dulcinea del Toboso. Si lo confiesas, evitarás tu muerte; si peleases y yo te venciese, no quiero otra satisfacción sino que, dejando las armas, te retires a tu lugar por tiempo de un año, donde has de vivir en paz tranquila, sin echar mano a la espada.

Don Quijote le respondió:

– Caballero de la Blanca Luna, acepto vuestro desa-

fío. Tomad, pues, la parte de campo que queráis, que yo haré lo mismo. Don Quijote, encomendándose al cielo de todo corazón y a su señora Dulcinea del Toboso del mismo modo, tomó campo. El de la Blanca Luna llegó a don Quijote con tan poderosa fuerza, que dio con don Quijote y con Rocinante en el suelo en una peligrosa caída. El de la Blanca Luna fue a donde don Quijote estaba caído y le dijo:

– Vencido sois, caballero.

Don Quijote con voz débil y enferma dijo:

– Dulcinea del Toboso es la mujer más hermosa del mundo, y yo el más desdichado caballero de la tierra. Aprieta, caballero, la lanza y quítame la vida, pues me has quitado la honra.

– Eso no lo haré yo – dijo el de la Blanca Luna –, que me contento con que el gran don Quijote de la Mancha se retire a su lugar un año y que en ese año no tome las armas.

Don Quijote dijo que cumpliría como caballero puntual y verdadero.

Levantaron del suelo a don Quijote y halláronle sin color. Sancho estaba tan triste que no sabía qué hacer ni qué decir.

Uno de los amigos de don Quijote siguió al desconocido caballero hasta que entró en un mesón de la ciudad. El amigo de don Quijote iba a hablarle pero antes de que pudiera hacerlo el de la Blanca Luna le dijo:

– Bien sé, señor, que venís a saber quién soy. Sabed, señor, que a mi me llaman el bachiller Sansón Carrasco; soy del mismo lugar que don Quijote de la Mancha, y hará unos tres meses que salí al campo como caballero andante, llamándome el Caballero de los Espejos, con intención de vencer a don Quijote, sin hacerle daño y pedirle que se volviese a su lugar, pero él me venció a mí. No por eso se me quitó el deseo de volver a buscarle y vencerle, como hoy se ha visto. No digáis, señor, a don Quijote quién soy, pues la idea de que se quedase en su lugar un año es por ver si en este año podía ser curado. No le digáis, señor, quién soy para que puedan tener efecto mis pensamientos y vuelva a cobrar el juicio el hombre que lo tiene buenísimo, si le dejan las *sandeces* de la caballería.

Seis días estuvo don Quijote en el lecho, triste y pensativo. Sancho le consolaba y le decía:

– Señor mío, levante vuestra merced la cabeza y alégrese. Volvamos a nuestra casa, y dejémonos de andar buscando aventuras por tierras y lugares que no conocemos.

– Calla, Sancho, pues ves que mi retirada no ha de pasar de un año; que luego volveré al honrado ejercicio de la caballería, y no me ha de faltar un reino que gane y un condado que darte.

– Dios lo oiga – dijo Sancho –.

Con estas cosas llegóse el día de la partida, y don Quijote y su escudero se pusieron en marcha: don Quijote desarmado y Sancho a pie, por ir el asno cargado con las armas de don Quijote.

---

sandeces, tonterías

Preguntas

1. ¿Quién era Roque Guinart?

2. ¿Cómo trató Roque Guinart a don Quijote y a Sancho?

3. ¿Qué condiciones le impuso a don Quijote el Caballero de la Blanca Luna?

4. ¿Quién era éste?

5. ¿Puede referir la situación entre don Quijote y el caballero de los Espejos?

6. ¿Cuál fue el estado de ánimo de don Quijote al ser derrotado y cómo le consolaba Sancho?

QUE TRATA DEL DESENCANTAMIENTO DE DULCINEA

Al salir de Barcelona, volvió don Quijote a mirar el sitio donde había sido vencido por el Caballero de la Blanca Luna y dijo:

– *¡Aquí fue Troya!* ¡Aquí se oscurecieron mis hazañas! ¡Aquí, finalmente, cayó mi ventura para no levantarse jamás!

Oyendo lo cual dijo Sancho:

– Tan de valientes corazones es, señor mío, tener sufrimiento en las desgracias como alegría en las *prosperidades;* y esto lo juzgo por mí mismo, que si cuando era gobernador estaba alegre, ahora que soy escudero de a pie no estoy triste.

– Muy filósofo estás, Sancho – respondió don Quijote –; cuando yo era caballero andante, atrevido y valiente, mis manos y mis obras daban testimonio de mis hechos; ahora cuando no lo soy cumpliré la palabra que dí, que aunque perdí la honra, no perdí, ni puedo perder, la virtud de cumplir mi palabra. Camina, pues, amigo Sancho, y vamos a pasar en nuestra tierra un año y así recobraremos virtud nueva para volver al ejercicio de las armas.

– Señor – respondió Sancho –, no es cosa gustosa el camino a pie. Dejemos estas armas colgadas de algún árbol.

– Bien has dicho, Sancho – replicó don Quijote –;

---

aquí fue Troya, Troya, antigua ciudad del Asia Menor; frase con la que se indica un suceso desgraciado
prosperidad, bienestar

cuélguense mis armas, y al pie de ellas *grabaremos* en los árboles lo que en las armas de *Roldán* estaba escrito:

«Nadie las mueva
que estar no pueda con Roldán a prueba.»

– Si no fuera por la falta que nos ha de hacer Rocinante para el camino – dijo Sancho –, también podríamos dejarle colgado.

– ¡Pues ni a él ni a las armas! – respondió don Quijote –; no quiero dejarlas colgadas, no quiero que se ahorquen, porque no se diga que a buen servicio mal pago.

En estas y otras razones se les pasó todo aquel día y sorprendióles la noche en el campo. Cumplió don Quijote con la naturaleza durmiendo el primer sueño, bien al revés que Sancho a quien le duraba el sueño desde la noche hasta la mañana.

Don Quijote despertó a Sancho y le dijo:

– Maravillado estoy, Sancho, de la libertad de tu condición. Yo velo cuando tú duermes; yo lloro cuando tú cantas. De buenos criados es *conllevar* las penas de sus señores. Mira la serenidad de esta noche, la soledad en que estamos. Levántate, por tu vida, y con buen ánimo date trescientos o cuatrocientos azotes a cuenta del desencanto de Dulcinea.

En esto estaba cuando oyeron un áspero ruido que se extendía por aquellos hermosos valles. Don Quijote se puso en pie y puso la mano a la espada; Sancho se escon-

---

grabar, escribir o marcar sobre metal o madera letras o figuras
Roldán, caballero y guerrero, héroe de la historia de Francia y protagonista del *Cantar de Roldán*
conllevar sufrir con

dió debajo de su asno, temblando de miedo. Iba crecien-
do el ruido y acercándose. Es, pues, el caso que llevaban
unos hombres a vender más de seiscientos *puercos,* que
sin tener respeto de la autoridad de don Quijote ni del
miedo de Sancho, pasaron por encima de los dos derri-
bando a don Quijote. Levantóse Sancho y pidió la espada a don Quijote, diciéndole que quería matar media

puerco

docena de aquellos puercos. Don Quijote le dijo:

– Déjalos estar, amigo; justo castigo del cielo es que a
un caballero andante vencido le piquen *avipas* y le pisen
puercos.

– Durmamos lo poco que queda de noche – respondió Sancho.

avispa

Así lo hicieron, y a la mañana siguiente prosiguieron su camino.

Iba el vencido don Quijote muy triste y pensativo, cuando de pronto le dijo a su escudero:

– Sancho amigo, si quisieras pago por los azotes del desencanto de Dulcinea, ya te lo hubiera dado. Mira, Sancho, lo que quieres; azótate y págate por tu propia mano, pues tienes dineros míos.

A estos ofrecimientos abrió Sancho los ojos y las orejas y le dijo a su amo:

– Ahora bien, señor, yo quiero dar gusto a vuestra merced en lo que desea; que el amor de mi hijos y de mi mujer hace que me muestre interesado. Dígame vuestra merced: ¿cuánto me dará por cada azote que me dé?

– Pon tú precio a cada azote – respondió don Quijote – y mira, Sancho, cuándo quieres comenzar.

– ¿Cuándo? – replicó Sancho –. Esta noche, sin falta.

Llegó la noche. Entraron entre unos árboles, se tendieron sobre la hierba y cenaron. Sancho, haciendo del *cabestro* del asno un poderoso azote, se apartó de su amo. Don Quijote, que le vio, le dijo:

– Mira, amigo, que no te hagas pedazos. Yo estaré contando desde aquí los azotes que te des.

Desnudóse luego de medio cuerpo arriba, comenzó a darse y comenzó don Quijote a contar azotes. Hasta seis u ocho se había dado Sancho, cuando le pareció ser muy barato el precio que había pensado ponerle a cada azote y así se lo dijo a su amo.

– Sigue, Sancho amigo, y no desmayes – le dijo don Quijote – que yo doblaré el precio.

– De ese modo – dijo Sancho –, lluevan azotes.

---

cabestro cuerda que se ata al cuello del animal y sirve para guiarlo

Pero dejó de dárselos en las espaldas y los daba en los árboles, con unos suspiros de cuando, en cuando, que parecía que con cada uno de ellos se le arrancaba el alma.

Don Quijote le dijo:

– Por tu vida, amigo, que quede en este punto este negocio. Más de mil azotes, si yo no he contado mal, te has dado.

– No, no, señor – respondió Sancho –; apártese vuestra merced otro poco, que yo me daré otros mil azotes.

– Pues tú te hallas en tan buena disposición – dijo don Quijote –, el cielo te ayude y pégate que yo me aparto.

Después Sancho se durmió hasta que el sol le despertó. Entonces volvieron a seguir su camino. Aquel día y

aquella noche caminaron sin que les sucediera cosa digna de contarse, si no fue que Sancho terminó su tarea, de lo que quedó don Quijote muy contento. Don Quijote esperaba el día de aquella noche por ver si en el camino se encontraban a Dulcinea desencantada.

Siguiendo su camino, subieron finalmente una *cuesta,* desde la cual descubrieron su aldea. Al verla, Sancho se hincó de rodillas, y dijo:

– Abre los ojos, amada patria, y mira que vuelve a tí Sancho Panza, tu hijo, si no muy rico, muy bien azotado. Abre los ojos y recibe también a tu hijo don Quijote, que si viene vencido por brazos enemigos, viene vencedor de sí mismo.

– Déjate de esas sandeces – dijo don Quijote –, y vamos con pie derecho a entrar en nuestro lugar.

---

cuesta, lugar un poco elevado

Preguntas

1. ¿Qué quería Sancho que hiciera don Quijote con las armas?

2. ¿Qué le contestó éste?

3. ¿Qué le pidió don Quijote a su escudero?

4. ¿Cómo reaccionó Sancho?

5. ¿Cuál era la causa del ruido que oyeron Sancho y don Quijote y qué sucedió?

6. ¿En qué condiciones está dispuesto a azotarse Sancho?

7. ¿De qué manera cumplió su compromiso?

8. ¿Cómo expresó Sancho su alegría por encontrarse de nuevo en su tierra?

QUE TRATA DE LA ENFERMEDAD, *TESTAMENTO* y MUERTE DE DON QUIJOTE

Así como bajaban hacia su pueblo, encontraron en un prado al Cura y al bachiller Carrasco. Don Quijote se bajó de Rocinante y los abrazó. Teresa Panza, trayendo de la mano a su hija Sanchica, acudió a ver a su marido. Abrazó Sanchica a su padre, le preguntó si le traía algo y se fueron a su casa, dejando a don Quijote con sus amigos.

Éste se apartó a solas con el Bachiller y el Cura y en pocas palabras le contó lo que le había pasado con el Caballero de la Blanca Luna, y cómo había sido vencido por él y que tenía que pasar un año sin coger las armas. Les dijo que durante este año tenía pensado hacerse pastor y entretenerse en la soledad de los campos, y que les suplicaba que quisieren ser sus compañeros. Él compraría ovejas y ganado suficiente que les diese el nombre de pastores; él se habría de llamar el pastor Quijotiz; el Bachiller, el pastor Carrascón; el Cura, el pastor Curiambro; y Sancho Panza, el pastor Pancino. El Cura y el Bachiller se quedaron admirados ante la nueva locura de don Quijote.

Quiso la suerte que la Sobrina y el Ama oyeran la conversación de los tres por lo que la Sobrina dijo:

– ¿Qué es esto, señor tío? Ahora que pensábamos que vuestra merced volvía a su casa para pasar en ella una vida quieta y honrada, ¿se quiere meter en nuevos trabajos?

---

testamento, declaración que hace una persona, disponiendo de sus bienes para después de su muerte

– Estése vuestra merced tranquilo en su casa – dijo el Ama.

– Callad, hijas – les respondió don Quijote –; que yo sé lo que hago. Llevadme al lecho, que me parece que no estoy muy bueno. Llamaron sus amigos al médico y éste dijo que atendiese a la salud de su alma, porque la de su cuerpo corría peligro. Oyólo don Quijote con ánimo sosegado, no así el Ama, ni la Sobrina, ni el bueno de Sancho Panza, los cuales comenzaron a llorar, como si ya lo tuvieran muerto delante.

Don Quijote les pidió a todos que lo dejasen solo, porque estaba cansado y quería dormir un poco.

Hiciéronlo así y don Quijote durmió más de seis horas. Despertó después de este largo tiempo, y dando una gran voz dijo:

– ¡Bendito sea el poderoso Dios, que tanto bien me ha hecho!

– ¿Qué es lo que vuestra merced dice, señor? – le preguntó la Sobrina –. ¿Tenemos algo nuevo?

– Sobrina – respondió don Quijote –, yo tengo juicio ya, libre y claro, sin las sombras que sobre él me puso mi amarga y continua lectura de los libros de caballerías. Yo me siento, sobrina, a punto de morir; querría que mi muerte fuese de tal modo, que diese a entender que mi vida no había sido tan mala que dejase *renombre* de loco. Llama a mis buenos amigos, al Cura, al Bachiller y al Barbero, que quiero confesarme y hacer mi testamento.

La Sobrina los llamó y los tres entraron al aposento donde estaba don Quijote.

Cuando don Quijote los vio dijo:

---

renombre, fama

– Alegráos conmigo, buenos señores, que ya no soy don Quijote de la Mancha, sino Alonso Quijano.

Sansón Carrasco respondió:

– Ahora, señor don Quijote, que tenemos noticias de que la señora Dulcinea está desencantada ¿sale vuestra merced con ésto?

– Yo, señores – replicó don Quijote –, siento que me voy muriendo: déjense de burlas y tráiganme un confesor que me confiese. El Cura quedóse solo con él y confesóle. El Bachiller fue a buscar al escribano y de allí a poco rato volvió con él y con Sancho Panza. Acabóse la confesión y el cura salió del aposento de don Quijote diciendo:

– Verdaderamente se muere y verdademente está *cuerdo* don Alonso Quijano el Bueno.

Entró el escribano y don Quijote dijo:

– Es mi voluntad que de ciertos dineros que Sancho Panza tiene, no se le pida cuenta alguna. Y si pudiera ahora darle un reino, se lo daría, porque la sencillez de su condición y la fidelidad de su trato lo merecen.

Y volviéndose a Sancho le dijo:

– Perdóname, amigo, por haberte hecho caer en el error en que yo he caído, de que hubo y hay caballeros andantes en el mundo.

– ¡Ay! – respondió Sancho llorando –. No se muera vuestra merced, señor mío, sino tome mi consejo y viva muchos años; porque la mayor locura que puede hacer un hombre en esta vida es dejarse morir.

– Señores – dijo don Quijote –, yo fui loco y ya soy cuerdo: fui don Quijote de la Mancha y soy ahora, como

---

cuerdo, persona que está en su sano juicio

he dicho, Alonso Quijano el Bueno. Dejo toda mi hacienda a mi sobrina Antonia Quijano, que está presente; y lo primero que se haga quiero que sea pagar el salario que debo a mi ama del tiempo que me ha servido, más veinte *ducados* para un vestido. Es mi voluntad que si Antonia Quijano, mi sobrina quiere casarse, se case con hombre de quien primero se haya averiguado que no sabe nada de libros de caballerías; y en el caso de que sepa de ellos y mi sobrina quisiera casarse con él y se casara, pierda todo lo que le he dejado.

---

ducado, moneda antigua española de oro

Cerró con esto el testamento y tomóle un desmayo. Después de recibir don Quijote todos los *sacramentos,* entre lágrimas de los que allí estaban, murió cristiana y sosegadamente.

---

sacramentos, signo sensible de origen divino que da gracia a las almas. Los sacramentos son siete

Preguntas

1. ¿Con quiénes se encontraron don Quijote y Sancho al llegar a su pueblo?

2. ¿Qué nuevos planes tiene don Quijote?

3. ¿Por qué llaman al médico?

4. ¿Qué dice don Quijote cuando se despierta?

5. ¿Puede hablar del testamento que hizo don Quijote?

6. ¿Qué le ha parecido a usted la vida de don Quijote? ¿Y la de Sancho?

7. ¿Puede hacer un juicio sobre la personalidad de don Quijote?

8. ¿Cuáles son los rasgos distintivos del carácter de don Quijote? ¿y los del de Sancho?

9. ¿Cuál de los personajes del libro es el que más le ha interesado? ¿Por qué?